frei fliegen

Barbara Meister Vitale

SYNCHRON VERLAG

REIHE MIND BAND 3

Aus dem Amerikanischen übersetzt von
Sonja Vogt und Anja Kelen

Umschlaggestaltung: Design pur
                     Anja Nienstedt und
                     Hans Werner Holzwarth

Redaktion: Ute Sczech

Herstellung, Layout und DTP: Claus Magiera

Gesetzt in der Palatino auf Apple Macintosh

Druck: Fuldaer Verlagsanstalt

Die Originalausgabe erschien unter dem Titel
FREE FLIGHT
Celebrating Your Right Brain
im Verlag Jalmar Press, California

CIP-Titelaufnahme der Deutschen Bibliothek

Vitale, Barbara Meister:

Frei Fliegen: e. Ermutigung für alle, d. mehr intuitiv als log.,
mehr chaot. als geordnet, mehr phantasievoll als realitätsbezogen denken u. leben /Barabara Meister Vitale.

Vorw. von Bob Samples. [Aus d. Amerika. übers. von Sonja
Vogt].- Berlin: Synchron -Verlag., 1988

    (Reihe Mind ; 3)
    Einheitssacht.: Free flight <dt.>
    ISBN 3-88911-013-4

frei fliegen

Eine Ermutigung an alle, die mehr intuitiv als logisch, mehr chaotisch als geordnet, mehr phantasievoll als realitätsbezogen denken und leben

Barbara Meister Vitale
Vorwort von Bob Samples

Synchron Verlag

Anschrift: Synchron Verlag
              Mariendorfer Damm 1-3
              Ullstein-Haus
              D-1000 Berlin 42
              Tel. 030 - 706 20 23

Für Gott - der dieses Buch ermöglicht hat
und
Louis Vitale - der ihn dabei unterstützte

Inhaltsverzeichnis

Vorwort

Erkenntnisse zu gewinnen ist schwer. Wichtige Erkenntnisse zu gewinnen ist sogar sehr schwer. Die Auffassung von den unterschiedlichen Funktionen des Gehirns ist meiner Meinung nach eine sehr wichtige Erkenntnis dieser Generation. Sie wird von der medizinischen Forschung, der Psychologie, im Biofeedback, der Geschichte, der Literatur, in den Systemtheorien und vom gesunden Menschenverstand bestätigt. Nicht, daß sie ohne Verleumder und Kritiker wäre. Es wimmelt geradezu von ihnen. In den meisten Fällen beschränkt sich die Kritik jedoch auf die Verteidigung des eigenen wissenschaftlichen Hoheitsgebietes und auf das Bemängeln unwesentlicher Details.

Durch die Aufteilung des Gehirns in zwei Seiten sind die Begriffe "Linkshirn- und Rechtshirndominanz" entstanden. Bei den meisten Menschen ist die linke Gehirnhälfte auf die Verarbeitung von Kodes (geschriebenen und gesprochenen) spezialisiert. Diese folgen bestimmten Regeln der Logik, der Gestaltung und der Ordnung. Meist sind dies die Funktionen, die eine symbolische und abstrakte sprachliche Ausdrucksweise verlangen. Die rechte Gehirnhälfte hingegen verfügt über unbestimmtere und allgemeinere Fähigkeiten, unser Denken und Leben zu beeinflussen, wobei der Schwerpunkt im emotionalen Erleben liegt. Diese Fähigkeiten stellen ein Bindeglied zu den vielfältigen Erfahrungen des täglichen Lebens dar.

Um es prosaischer auszudrücken, bedeutet dies, daß das linke Gehirn sich mehr an Anweisungen und Regeln hält und dem Formalismus unserer Gesellschaft folgt. Die rechte Gehirnhälfte orientiert sich mehr am Formlosen, Persönlichen und neu Entstehenden, was unserem natürlichen Wesen mehr entspricht. Durch diese unterschiedliche Organisation unserer Gehirnhälften sind wir einem natürlichen Dualismus ausgesetzt. Das Zusammenwirken unserer Gehirnhälften wird manchmal durch die Metaphern Krieg und Konflikt beschrieben. So heldenhaft dies auch klingt, ich bevorzuge die Begriffe Ergänzung und Einheit.

In diesem Buch zeigt Barbara Vitale dem Leser die Vielfalt ihrer eigenen Erfahrungen und Beobachtungen hinsichtlich der Dualität unseres Gehirns. Mit persönlichem Engagement und Offenheit führt sie uns durch ergreifende Schilderungen ihrer Reise und gibt uns Ratschläge für unseren eigenen Weg.

Dieses Buch bringt überzeugend zum Ausdruck, wie wir unsere Kenntnisse über die rechte und linke Gehirnhälfte als Metapher nutzen können für die Dualität, der wir im Alltag ausgesetzt sind. Halten Sie dieses Buch nicht für einen medizinischen Text oder ein Lehrbuch der Gehirnforschung. Verstehen Sie es vielmehr als eine Einladung Barbara Meister Vitales, an ihrem Leben teilzunehmen. Dieses Buch hat seinen Ursprung in der menschlichen Seele.

Bob Samples
The Metaphoric Mind

Einleitung

In *frei fliegen* schreibe ich über meine Entdeckung der rechten Gehirnhälfte und wie ich lernte, sie verstärkt in mein Leben einzubeziehen. Dieses Buch beschreibt einen Weg, kein Ziel, einen Anfang und nicht ein Ende. Es ist zum Teil ein persönlicher Erfahrungsbericht, zum Teil basiert es auch auf den Erfahrungen anderer. Teilen Sie meine Freude, unabhängig davon ob Sie rechts- oder linkshemisphärisch veranlagt sind, und vergessen Sie beim Lesen nicht, daß unser Gehirn eine Einheit darstellt. Beide Gehirnhälften arbeiten zusammen und ermöglichen dadurch ganz individuelle Perspektiven in unserem Leben. Die menschlichen Gehirne sind genauso unterschiedlich wie unsere Fingerabdrücke - was uns unsere Einzigartigkeit verleiht. Erfreuen Sie sich an diesem Unterschied. Fliegen Sie in das Universum!

"Hab Vertrauen zu Dir. Das ist Dein Traum."

Hugh Prather
Es gibt einen Ort, da bist Du nicht allein

START
Die Entdeckung meiner rechten Gehirnhälfte

Warm und schwitzend vom Spielen im Garten lief ich quer durch das Zimmer, um in den herrlich großen Schoß meiner Großmutter zu sinken. Sie war meine "Big Mommy", und jetzt hatte ich ihr etwas sehr Wichtiges zu erzählen. Ich wollte ihr berichten, was ich soeben erlebt hatte. Aber wie sollte ich etwas in Worte fassen, was ich zwar selbst gesehen, gefühlt, gerochen und empfunden hatte, worüber ich jedoch noch nie jemand anderen sprechen gehört hatte. Davon abgesehen war ich erst fünf Jahre alt und manchmal hörten mir die Erwachsenen überhaupt nicht zu. Dieses Mal mußte ich meine Großmutter dazu bringen mir zuzuhören.

"Big Mommy, da waren zwei Kinder - sie waren nicht da, aber sie waren echt. Ich weiß, daß sie echt waren. Wir unterhielten uns oben in den Baumkronen. Wir hatten richtig Spaß. Es waren keine richtigen Kinder, es waren Elfen. Glaubst du, daß sie wiederkommen?"

Meine Großmutter lächelte nur und drückte mich an sich. Sie war zufrieden, wenn ich an etwas glaubte, was mich glücklich machte. Meine Elfen blieben nur für ein

3

paar Jahre. Sie verschwanden, als ich in die Schule kam. Sie mochten die Schule nicht. Und recht hatten sie!

Ich stand mit der Schule von Anfang an auf Kriegsfuß. Der erste Tag war ein Alptraum. Ich trug ein wunderschönes neues Kleid. Es war aus bedrucktem Sackleinen, hatte jedoch mehrere, schon mal verwendete Spitzenborten. Ich stand auf der Straße und wartete auf den Bus. Die Minuten wurden zur Ewigkeit. Mein Magen fühlte sich an, als würden Kaulquappen in der Milch und den Kornflakes vom Frühstück herumschwimmen. Endlich kam der gelbe Bus die Straße heraufgefahren. Es sah so aus, als würde er nicht stehenbleiben, so daß meine Großmutter ihm winkte anzuhalten. Der Fahrer sagte, dies sei nicht der richtige Bus, den hätte ich verpaßt, aber er würde mich an der Grundschule absetzen.

Meine Beine reichten kaum die Stufen hoch. Sie schmerzten, als ich mich streckte um hochzusteigen. Ich setzte mich gleich in die erste Reihe, denn ich hatte Angst, weiter nach hinten zu gehen. Die Kinder sahen alle so erwachsen aus. Die Kaulquappen in meinem Bauch schienen zu ertrinken. Wir hielten an mehreren Haltestellen, bis der Busfahrer sagte: "Hier ist die Grundschule". Ich blieb sitzen. "Du mußt hier aussteigen." Er starrte mich an, aber lächelte dabei. Ich sprang die Stufen hinunter. Es waren drei. Der Bus fuhr weiter. Ich schaute mich um. Niemand war zu sehen, weder Kinder noch Erwachsene. Vor mir lagen unzählige Stufen und ein riesengroßes Gebäude. Ich war enttäuscht,

4

denn ich hatte mir die Schule wie das Schloß von Dornröschen vorgestellt. Diese Schule sah aber aus wie eine Pappschachtel, nur daß sie grau war und schmutzige Fenster hatte. Ich stieg die Stufen hoch, immer darauf bedacht, nicht in eine Ritze zu treten. Ich wollte meiner Mutter keinen Ärger machen.

Es waren zweiundzwanzig und eine halbe Stufe - die eine war abgebrochen, daher zählte ich sie nicht mit. Ich kann mich nicht erinnern, wann ich zählen gelernt hatte, aber ich konnte es schon. Die oberste Stufe gefiel mir nicht, also setzte ich mich auf die darunter. Es machte mich ruhiger, half aber nicht gegen meine Einsamkeit. Große gelbe Busse hielten vor der Schule. Kinder stiegen aus und gingen an mir vorbei, aber niemand sagte etwas. Auch ich sagte nichts. Bald ging niemand mehr die Treppen hoch, und die Busse fuhren ab. Ich wußte, daß ich irgenwohin gehen und etwas tun mußte, aber ich wußte nicht, wohin ich gehen und was ich tun sollte. Also blieb ich sitzen. Ich beobachtete die Ameisen, wie sie in den Ritzen hin- und herliefen. Ich konnte mir gut vorstellen, wie sie sich miteinander unterhielten. Ich gab jeder Ameise einen Namen. Eine nannte ich George. Er schien mir der Klügste von allen zu sein. Und Emily, sie rannte hin und her und zwang Tom dazu, George nachzulaufen.

Ich nahm ein kleines Stück Erdnußbutter- und ein Stück Marmeladenbrot aus meiner Tasche und steckte sie in eine der Ritzen. Junge, was hatten diese Ameisen Kraft. In kürzester Zeit war das Brot in der Ritze ver-

5

schwunden, und ich war wieder allein. Ich schaute gerade den Wolken zu, wie sie sich in Tiere verwandelten, als ein Mann aus der Tür der Pappschachtel kam und mich fragte: "Warum bist du nicht in deinem Zimmer?" Komische Frage. "Mein Zimmer ist zu Hause", sagte ich. Er runzelte die Stirn. "Weißt du nicht, wohin du gehörst?" Ich dachte natürlich, ich gehörte zu mir, glaubte aber nicht, daß er das hören wollte. Also schüttelte ich nur den Kopf. "Komm mal mit mir mit." Ich stand auf und folgte ihm in die Pappschachtel. Wir gingen durch einen langen Korridor mit vielen, ge schlossenen Türen zu beiden Seiten. Ich fragte mich, ob hinter diesen Türen Ungeheuer lauerten. Wir blieben vor einer stehen und der Mann öffnete sie. Ich hatte große Angst, als er mich hinter sich hineinzog. Das Zimmer war voll mit Kindern, die an kleinen braunen Pulten saßen. Sie starrten alle auf mich. Ein mageres Fräulein in einem grell orangen Kleid sagte, sie sei meine Lehrerin. Ihr Kleid gefiel mir nicht. Sie sagte: "Du gehörst in meine Klasse. Wie heißt du? Bist du eingeschrieben? Wo wohnst du? Warum ist deine Mutter nicht mitgekommen?" Als sie mit ihren Fragen fertig war, konnte ich mich kaum noch an meinen Namen erinnern.

Mein Pult war in der letzten Reihe, zumindest für einige Tage. Dann setzte man mich weiter nach vorn, da ich immer dann sprach, wenn ich eigentlich der Lehrerin zuhören sollte. Das schien ständig der Fall zu sein. Ich verstand nicht alles, worüber sie sprach. Deshalb mußte ich ein anderes Kind nach dem fragen, was sie

6

gesagt hatte. Und dann schrie sie mich an. Junge, die konnte schreien! Sie sagte immer, sie verstehe nicht, warum ich sie nicht verstünde, aber ich durfte sie nie fragen. Also verstand ich weiterhin nichts.

Meine Lehrerin in der zweiten Klasse schrie nicht ganz so viel. Ich glaube, sie hielt mich einfach für dumm. Komisch, bevor ich in die Schule kam, hatte ich nie das Gefühl gehabt, dumm zu sein. Dieses "dumme" Gefühl sollte mir jedoch lange Zeit erhalten bleiben.

Wenn es regnete, legte unsere Lehrerin Schallplatten auf, und wir durften in unserem großen Klassenzimmer tanzen. Ich tanzte für mein Leben gerne. Ich vergaß dabei völlig, daß auch noch andere im Zimmer waren. Ich schloß meine Augen und stellte mir vor, ich sei eine meiner Elfenfreundinnen, die in den Wolken spielten. Die anderen Kinder lachten, aber das kümmerte mich nicht.

Unsere Klasse probte ein Theaterstück für einen Elternabend. Bis auf mich und einen anderen Jungen, der auch nicht lesen konnte, hatten alle eine Rolle in dem Stück. Die Lehrerin versprach mir jedoch, daß ich statt dessen auf der Bühne nach meiner Lieblingsplatte tanzen dürfte. Ich konnte es kaum glauben und war schrecklich aufgeregt.

Am Tag der Aufführung zerbrach die Lehrerin die Platte. Sie entschuldigte sich zwar dafür, aber mir war klar, daß sie gar nicht wollte, daß ich tanzte. Sonst hätte sie die Platte nicht zerbrochen. Ich wäre am liebsten gestorben und ging nicht zur Aufführung. Das ist das einzige, was ich von meinem zweiten Schuljahr noch weiß.

In der dritten Klasse zogen wir um. Kurz zuvor lernte ich mogeln. Ich ertrug es einfach nicht, daß die anderen Kinder bei der Rückgabe von Klassenarbeiten zu kichern anfingen, wenn auf meinen Arbeiten immer mit roter Schrift "Ungenügend" stand. Auch heute noch hasse ich Rot. Ich fand heraus, daß ich, wenn ich die Worte auf ein Stück Papier schrieb und es in mein Pult legte, meinen Bleistift abbrechen und so tun konnte, als würde ich einen anderen herausholen. Natürlich wurde ich dabei erwischt. Ich mußte nachsitzen und jedes Wort 500mal schreiben. Ich schrieb sehr, sehr langsam, und als wir umzogen, war ich gerade mit zwei Wörtern fertig. Was meine Rechtschreibung betrifft, bin ich auch heute noch sehr kreativ.

Vom vierten Schuljahr weiß ich etwas mehr. Ich erinnere mich an mein erstes Referat, eine Buchbeschreibung. Ich konnte es weder aufschreiben noch vorlesen, aber ich prägte mir eine Geschichte ein, die ich im Radio gehört hatte. Der Lehrer fand es gut, aber ich bekam trotzdem "Ungenügend", weil ich nichts Schriftliches abgegeben hatte.

Meine Noten wurden allmählich besser. Ich lernte mogeln, ohne erwischt zu werden. An Regentagen spielten wir "Mr. Ree", ein Spiel, bei dem man herausfinden mußte, wer wen ermordet hatte und wo der Mörder die Waffe versteckt hielt. Ohne die Spielregeln jemals verstanden zu haben, gewann ich immer. Sehr bald hatten die anderen Kinder keine Lust mehr, mit mir zu spielen.

Im fünften Schuljahr lernte ich lesen. Meine Lehrerin, Mrs. Grosh, war eine kleine, weißhaarige Frau mit einer kräftigen Stimme. Wenn sie wütend auf uns war, knallte sie ein Buch auf den Tisch und starrte uns an. Das wirkte immer, wir wurden ganz still. Ich kann mich nicht erinnern, daß sie jemals etwas Gemeines zu einem von uns gesagt hätte. Jeder von uns mußte in Geographie eine Sammelmappe anlegen. Als sie herausfand, daß ich nicht lesen konnte, fragte sie mich: "Wenn du dir jeden beliebigen Ort auf der Welt aussuchen könntest, wohin würdest du gerne reisen?" Ich hatte einmal wunderschöne Bilder mit Wäldern und Bergen gesehen. "Nach Washington State würde ich wirklich gerne fahren." "Dann machen wir das zusammen", sagte sie. Sie half mir dabei, Prospekte anzufordern, Bilder herauszusuchen und eine Mappe zusammenzustellen. Das Wichtigste aber war, daß sie mir beibrachte, die Worte unter den Bildern zu lesen. Es war ein phantastisches Gefühl, als ich herausfand, daß ich meine eigenen Gedanken lesen und schreiben konnte, und nicht nur meine eigenen, sondern auch die der anderen. Plötzlich konnte ich überallhin reisen und fühlte mich nicht mehr einsam.

Ich besuchte Mrs. Grosh mehrere Male, bevor sie starb. Jedesmal wenn ich bei ihr war, holte sie ihre alten Klassenbücher hervor. Neben jeden Schülernamen hatte sie aufgeschrieben , wo er wohnte, wen er geheiratet hatte, wieviel Kinder er hatte und was er arbeitete. Diese Besuche waren etwas Besonderes für mich. Sie sollte wissen, wieviel Freude sie mir bereitet hatte.

In den ersten Jahren am Gymnasium war es zeitweise noch sehr schwer für mich. Ich erinnere mich noch an die Erniedrigung, die ich empfand, als sich mein Kleid während eines Versuches in einer Chemiestunde auflöste. Ich hatte die Reihenfolge der Chemikalien durcheinander gebracht - was mir heute noch manchmal mit Kochrezepten passiert. Da stand ich also mit einem Kleid voller Löcher.

Ich machte noch eine Reihe ähnlicher Erfahrungen. Zum Glück besuchte ich ein kleines Gymnasium, an dem die Konkurrenz nicht so groß war. In der Abschlußklasse waren wir nur vierzig. Ich schaffte die Schule, indem ich Strategien entwickelte, die sich später als typisches Merkmal für die Dominanz meiner rechten Gehirnhälfte erwiesen. Meine fehlenden analytischen Fähigkeiten kompensierte ich dadurch, daß ich mich mit intelligenten Jungs befreundete, die mir bei meinen Hausaufgaben halfen. Ich hätte wohl nie die Lateinprüfung bestanden, hätte mir meine erste Liebe nicht jeden Abend beim Übersetzen geholfen. Mein Selbstbewußtsein blieb mir nur erhalten, weil ich mich in den Fanclubs der Schule und in Theatergruppen engagierte.

Die ganzen Jahre über fühlte ich mich anders als die anderen, aber ich wußte nie genau warum. Mir war nur klar, daß sich meine Art zu denken von der anderer unterschied. Manchmal fand ich Lösungen, ohne zu wissen, wie ich dazu kam. Erst als ich in einer Sonderschule zu unterrichten begann, fand ich den Schlüssel zu mir selbst. Ich nahm zum ersten Mal an einer Konferenz teil, die von der "Gesellschaft für Kinder und Erwachsene mit Lernschwierigkeiten" veranstaltet wurde. Das Hauptthema der Konferenz war die Gehirnforschung. Da ich absolut nichts über dieses Thema wußte, entschloß ich mich, mir alle Vorträge auf diesem Gebiet anzuhören.

Der erste Vortrag begann um acht Uhr morgens. Eine unchristliche Zeit für mich. Völlig verschlafen betrat ich den Saal und wollte eigentlich gar nicht richtig aufwachen. Es sollte jedoch nicht lange dauern, bis ich ganz aufrecht und nach vorne gebeugt dasaß. Moment mal! Was sagte der Sprecher gerade? Er beschrieb eine Gruppe von Menschen, die er rechtshirn-dominant nannte. Für mich aber klang es so, als würde er von mir sprechen. Wenn er recht hatte, dann war ich nie dumm gewesen. Ich war nicht anders als die anderen.

Es gab andere Menschen, die so dachten wie ich. Konnte das wirklich möglich sein? Oh Gott, laß es wahr sein!

An dem Tag als ich entdeckte, daß meine Art zu denken, von einer stärkeren Ausprägung meiner rechten Gehirnhälfte beeinflußt wurde, veränderte sich mein Leben vollkommen. Mir wurde vieles klar. Das Gefühl, während meiner frühen Schuljahre so viel gelitten und mich so anders als die anderen gefühlt zu haben, machte mich wütend. Am meisten genoß ich es jedoch, daß ich jetzt meine besonderen Fähigkeiten verstehen und schätzen konnte. Ich beschloß, an mich zu glauben und meine Rechtshirndominanz voll auszuleben. Meinen "Leidensgenossen" wollte ich helfen, den Wert ihrer Rechtshirndominanz zu erkennen und mit ihrem Leben besser zurechtzukommen.

Ich wollte in die Welt hinausschreien:
"Gott macht keine Fehler!".

"Und zwischen dem, was wir wissen,
und dem, was wir verstehen,
gibt es einen geheimen Pfad..."

Kahlil Gibran
Der Garten des Propheten

FLUGKOORDINATEN
Die Anatomie des Gehirns und die unterschiedlichen Funktionen der Hemisphären

Ich begann meine Suche, indem ich die Buchläden leerkaufte. Zu meiner Überraschung gab es bereits einige Bücher über die Spezialisierung der Hemisphären, über Bewußtseinsformen, Links- und Rechtshändigkeit und über die Einheit des Gehirns.

Ich konnte nicht schnell genug lesen. Jedes Buch und jeder Artikel half mir dabei, mehr über mich selbst zu erfahren.

Als ich nichts mehr aufnehmen konnte, begann ich zu reisen. Ich besuchte das Beth-Israel-Hospital in Boston, Massachusetts, an dem Dr. Albert A. Galaburda, Leiter des Legasthenie Laboratoriums am Beth-Israel-Hospital und Assistenz-Professor für Neurologie an der medizinischen Fakultät der Harvard Universität, Gehirnforschung betreibt. Als ich in seinem Labor stand und mir das Gehirn eines Mannes ansah, empfand ich große Ehrfurcht. Obwohl es aussah wie jedes andere menschliche Organ, das für Laboruntersuchungen präpariert wurde, unterschied es sich in einem entscheidenden Punkt. Wissenschaftler verstehen, wie die

15

meisten Organe des Menschen funktionieren - über das Gehirn wissen sie jedoch sehr wenig. Es ist der Menschheit noch vorbehalten, die Geheimnisse der Quelle jeglichen intelligenten Denkens zu entdecken. Ich wollte alles in Erfahrung bringen! Ich wollte genau wissen, wie mein Gehirn arbeitet.

Aus Büchern erfuhr ich, daß das Gehirn ungefähr drei Pfund wiegt und daß es aus circa 10.000.000.000 Nervenzellen besteht. Die Gehirngröße variiert und hat wenig mit Intelligenz zu tun. Man sagt, Einstein hätte ein großes Gehirn gehabt, andererseits gehörte eines der größten Gehirne einem Schwachsinnigen. Frauen haben in der Regel ein kleineres Gehirn als Männer, was allerdings nicht die Schlußfolgerung erlaubt, daß Männer intelligenter seien.

Man könnte das Gehirn vom Aussehen her mit einem weichem Käse vergleichen, den man in eine Walnußform gepreßt hat. Die äußere Schicht dieser Walnuß nennt man das Großhirn. In der Mitte des Gehirns verläuft der Länge nach eine schmale Furche, die das Großhirn in zwei Hälften teilt, in die linke und die rechte Hemisphäre. Tief im Inneren des Gehirns sind sie durch ein Nervenfaserbündel, das sogenannten Corpus callosum verbunden. Das Corpus callosum ist das Integrationsorgan der beiden Hemisphären, das heißt, es verbindet sie wie eine Art Telegraphenleitung und ermöglicht somit, daß beim Denken beide Gehirnhälften zusammenarbeiten.

Durch weitere Lektüre erfuhr ich, daß die beiden Gehirnhälften zwar vollkommen identisch aussehen, die Wissenschaftler aber Struktur- und Funktionsunterschiede entdeckt haben. Manche Bereiche des Gehirns sind zweiseitig symmetrisch, andere hingegen asymmetrisch aufgebaut. Außerdem sind unterschiedliche Bereiche des Gehirns für ganz bestimmte Fähigkeiten, Funktionen und Teile des Körpers verantwortlich. Diese Bereiche können sowohl in der einen als auch in der anderen Hemisphäre liegen. Die Sprache entwickelt sich zum Beispiel bei den meisten Menschen in der linken Gehirnhälfte, obwohl die Veranlagung dafür in beiden Hemisphären gegeben ist. Die Sprach- und Hörzentren befinden sich in der linken Seite des Gehirns, direkt über dem Ohr (Broca´sches Sprachzentrum). Der Bereich, der in erster Linie dafür verantwortlich ist, daß uns Laute in Erinnerung bleiben, liegt hinter dem Hörzentrum. Unsere Fähigkeit, akustische Signale zu unterscheiden und beim Lesen phonetische Laute zu bilden, liegt hauptsächlich in der linken Hemisphäre. Könnte dies der Grund sein, warum ich immer Schwierigkeiten hatte, bestimmte Wörter richtig auszusprechen?

Der Teil des Gehirns, der die Körperbewegungen kontrolliert, verläuft im oberen Teil des Kopfes in beiden Gehirnhälften. Man nennt ihn psycho-motorisches Rindenfeld. Gleich dahinter liegen die Sinneszentren. Hier werden jene Sinneswahrnehmungen verarbeitet, die dem Gehirn über die fünf Sinnesorgane zugeleitet werden. Sie nehmen ihre Informationen über die Haut, die Knochen, die Gelenke und die Muskeln sowie durch die Bewegung des Körpers im Raum auf. Die Sinneszentren erhalten und verarbeiten auch Informationen vom Innenohr und den inneren Organen. Das psycho-motorische Rindenfeld und die Sinneszentren sind die für den Tastsinn zuständigen Bereiche des Gehirns. Sie sind so organisiert, daß die linke Gehirnhälfte die rechte Körperseite und die rechte Gehirnhälfte die linke Körperseite kontrolliert. Einfach formuliert: unser linkes Gehirn bewegt unsere rechte Hand. Beide, das psycho-motorische Rindenfeld und die Sinneszentren, sind außerdem so spezialisiert, daß bestimmte Punkte im Gehirn mit ganz bestimmten Teilen des Körpers assoziiert werden können. Diese Punkte sind in jeder Gehirnhälfte identisch (zweiseitig symmetrisch). Das psycho-motorische Sinneszentrum ist besonders aktiv, wenn wir uns bewegen.

Meine Lehrer fanden mich immer hyperaktiv, das heißt, ich war ständig in Bewegung. Einige Zeit glaubte ich, daß mit mir etwas nicht in Ordnung sei und daß ich mich deshalb ständig bewegen müßte. Endlich verstand ich den wahren Grund. Menschen, die sich viel bewegen, nehmen Informationen über den Teil des Gehirns auf, der die Sinneswahrnehmungen und die Bewegungen kontrolliert. Sie lernen also, indem sie etwas tun. In der Pädagogik spricht man bei diesen Menschen von haptisch Lernenden.

Der Bereich unseres Gehirns, der vor allem für das Sehvermögen zuständig ist, der sogenannte Okzipitallappen, befindet sich im Hinterkopf gleich über dem Ende des Rückrates (dem Hirnstamm). Der okzipitale Bereich ist in beiden Hemisphären identisch und ist Teil des visuellen Rindenfeldes. Die Gehirnzellen in diesem Bereich nehmen Informationen von der Netzhaut auf und verarbeiten sie nach Größe, Form, Farbe, Position und Entfernung. Sollte dies erklären, warum bestimmte Farben Einfluß auf meine Lernfähigkeit hatten?

Die Informationen von der Netzhaut werden mit Hilfe eines komplizierten Prozesses über die Sehnerven in den Okzipitalbereich übertragen. Das Sehfeld in jedem Auge ist in der Mitte durch den Sehnerv geteilt. Im hinteren Teil des Auges laufen die Sehnerven zusammen (Sehnervenkreuzung), wobei sich die Nervenverbindungen der linken Seite des rechten Auges und der rechten Seite des linken Auges kreuzen. Dies ermöglicht beiden Hemisphären, Informationen von beiden Augen aufzunehmen. Objekte, die sich rechts von der Nase befinden, werden von der linken Seite der Augen gesehen und auf die linke Seite der Netzhaut projiziert. Von dort werden sie in die linke Hemisphäre weitergeleitet. Die rechte Seite der Augen sieht alles, was sich links von der Nase befindet, und sendet Informationen an die rechte Gehirnhälfte. Ein Auge spielt dabei meist eine dominante Rolle, das heißt, es nimmt mehr Information aus der Umgebung auf als das andere Auge. Es sendet somit auch ein größeres Informationsvolumen an die Hemisphäre, von der es kontrolliert wird. Das rechte Auge sendet den größten Teil der

Informationen, die es von beiden Sehfeldern erhält an die linke Hemisphäre.

Ich war mir zu diesem Zeitpunkt noch immer nicht ganz im klaren, was rechtshemisphärisch bedeutet, obwohl ich fühlte, daß ich selbst rechtshemisphärisch veranlagt war. Mein Augenarzt hatte mir erklärt, daß mein rechtes Auge dominiert, das heißt, die visuellen Informationen, die ich aufnehme werden vorwiegend an meine linke Gehirnhälfte weitergeleitet. Wird mein Gehirn dadurch verwirrt?

Unsere Ohren haben die Aufgabe, akustische Signale zur Interpretation an das Hörzentrum des Gehirns, den Schläfenlappen, weiterzuleiten. Dabei werden die Schallwellen aufgefangen und dem Trommelfell zugeleitet. Das Trommelfell vibriert und löst eine Kettenreaktion aus, die elektro-chemische Signale an den Hirnstamm weiterleitet. Hier kreuzen sich viele Nerven, die wiederum Signale an die beiden Hemisphären senden. Obwohl jedes Ohr die Geräusche, die es aufnimmt an beide Gehirnhälften weiterleitet, wird die Information, die an das rechte Ohr geht, erst an die linke und danach an die rechte Hemisphäre gesandt. Jeder hat ein dominantes Ohr. Bei mir ist es das linke. Ich habe festgestellt, daß ich besser verstehe, was ich höre, wenn ich mein linkes Ohr einem Geräusch oder Gespräch zuwende.

Es gibt unterschiedliche Theorien, um die Spezialisierung unserer Hemisphären zu erklären. Die Wissenschaftler streiten zwar darüber, in welchem Alter die Spezialisierung der Gehirnfunktionen erfolgt, sie sind sich jedoch darin einig, daß es sie gibt. Sie sagen außerdem, daß bei den meisten Menschen eine Hemisphäre dominiert. Während sich das Gehirn entwickelt, spezialisiert sich jede Gehirnhälfte auf bestimmte Fähigkeiten. Zwischen dem fünften Lebensjahr und der Pubertät stellt sich heraus, welche der beiden Gehirnhälften dominiert. Obwohl wir zwei Hemisphären besitzen, neigen wir dazu, eine davon - die dominierende - häufiger zu beanspruchen als die andere. Wenn wir sprechen, einen Brief schreiben oder Autofahren, benutzen wir beide Seiten unseres Gehirns. Tatsächlich benutzen wir unser ganzes Gehirn für alles, was wir tun. Dennoch verarbeitet die dominante Seite unseres Gehirns Informationen zuerst und ist das Hauptzentrum zur Weiterleitung bestimmter Informationen. Die dominante Hemisphäre ist früher aktiv und fühlt sich für die meisten Aufgaben, die unserem Gehirn gestellt werden, als erste verantwortlich.

Wir sollten die Dominanz einer der beiden Hemisphären jedoch nicht überbetonen. Auch wenn eine Rechtshirndominanz vorliegt, bedeutet dies nicht, daß die linke Gehirnhälfte nicht genutzt wird. Bei vielen Menschen herrscht ein Gleichgewicht in der Auslastung beider Hemisphären, denn jede Hälfte übernimmt die Aufgaben, denen sie am besten gewachsen ist. Die Forschung hat gezeigt, daß unsere dominante Hemisphäre entscheidenden Einfluß darauf hat, welche Fähigkeiten wir entwickeln, wie wir unser Leben

21

einrichten und selbst wie wir uns in Streßsituationen verhalten. Die Wissenschaftler sind mit der Erforschung unseres Gehirns noch lange nicht am Ende. Aber mit jedem Tag rücken sie der Erkenntnis des menschlichen Gehirns näher.

All diese Informationen über die Funktionen des menschlichen Organismus waren überwältigend für mich. Ich verstand nun, wie mein Gehirn funktionierte, mir war jedoch nicht bewußt, welche Auswirkungen das auf mich persönlich hatte.

Zurück zu den Büchern. Im folgenden beschäftigte ich mich mit Untersuchungen, die sich mit den Auswirkungen der Hemisphären-Dominanz auf menschliche Verhaltensmuster befaßten. Diese Untersuchungen zeigen, daß es Unterschiede gibt zwischen Menschen, die eine starke Linkshirn-Dominanz haben und Menschen, bei denen eine sogenannte Rechtshirn-Dominanz vorliegt. Ich stellte fest, daß bestimmte intellektuelle Fertigkeiten entweder der linken oder der rechten Gehirnhälfte zugeordnet werden können. Menschen mit einer Linkshirn-Dominanz sind meistens gut im Schreiben, ich meine damit, sie können ihre Gedanken gut zu Papier bringen. Sie tun sich leicht im Interpretieren von bestimmten Symbolen, wie zum Beispiel Buchstaben. Sie sind gut in Sprachen und im Bezeichnen von Dingen. Zudem sind sie sehr eloquent.

Ich begann nicht nur viel über mich selbst zu erfahren, sondern ich lernte auch einiges über meinen Mann.

Er scheint eine dominante linke Gehirnhälfte zu haben. Er hat einen sehr großen aktiven Wortschatz und schreibt die schönsten Geschäftsbriefe und Berichte. Vor einiger Zeit übte ich eine Tätigkeit aus, in der ich viele Berichte und Mitteilungen schreiben mußte. Ich hatte damals noch nicht gelernt, wie ich meine rechte Gehirnhälfte so einsetzen konnte, daß sie typisch links-hemisphärische Fähigkeiten ausführen konnte. Folg-lich quälte ich mich mit einem Bericht mehrere Stun-den, unfähig, meine Gedanken in die richtige Reihen-folge zu bringen. Schließlich mußte mein Mann ein-springen. Mein Vorgesetzter merkte nichts und fand mich großartig.

In der Schule war ich immer erstaunt darüber, daß sich meine Mitschüler den Inhalt eines wissenschaftli-chen Kapitels, das sie gelesen hatten, merken und alle Fragen dazu beantworten konnten. Damals wußte ich noch nichts über eine Linkshirn-Dominanz. Ich konnte das gleiche Kapitel bis zum Ende durchlesen, ohne die leiseste Ahnung zu haben, was ich gelesen hatte. Wenn ich Glück hatte und mich trotzdem einmal an etwas er-innern konnte, mußte ich mir die Antworten immer wieder vorsagen, bis die Lehrerin mir die Frage stellte, die zu meiner Antwort paßte. Sie hatte allerdings das Talent, stets die falschen Fragen zu stellen. Was sie auch fragte, sie bekam immer die Antwort, die ich be-reits in meinem Kopf vorbereitet hatte.

Die Lesetechnik, die in unseren Schulen gelehrt wird, fällt linkshemisphärisch veranlagten Menschen sehr leicht. Im Gegensatz zu mir, haben sie mit der Phonetik keine Probleme. Ich lernte die phonetischen Laute erst als ich meine Erstklässler darin unterrichten mußte. Auch heute kann ich anhand der Lautschrift noch keine Wörter entschlüsseln. Ich präge mir stattdessen das Wort als Ganzes ein. Schwierige Wörter, wie Recycling, Logarithmus und Computerdisketten könnten für mich genausogut in chinesisch geschrieben sein. Bei den meisten Menschen befindet sich das Hörzentrum im linken Teil des Gehirns. Menschen mit einer dominanten linken Hemisphäre können gut zuhören und haben keine Schwierigkeiten, Gesagtes zu verstehen. Sie haben einen guten Orientierungssinn.

Es wurde mir plötzlich bewußt, warum mein Mann mir so gerne etwas erklärt und ich ihn nicht verstehe. Ich habe schon des öfteren versucht ihm klarzumachen, daß seine Worte zwar bei mir ankommen, dann aber irgendwo in meinem Kopf herumzuschwirren scheinen. Ich höre sie, aber sie ergeben keinen Sinn. Wenn er mir hingegen etwas zeigt oder aufzeichnet, habe ich keinerlei Verstehensprobleme.

In der Schule werden wir nach Lesen, Schreiben, Sprache, Phonetik, Vortragen, Zuhören und Testergebnissen beurteilt - alles links-hemisphärische Stärken. Schüler, bei denen die linke Gehirnhälfte dominiert, sind oft "Einserschüler", die problemlos die Schule durchlaufen. Ist jedoch das Gegenteil der Fall, wie bei mir, geht das wahrscheinlich auf Kosten des Selbstbewußtseins.

Welch ein Glück, daß ich hier nicht aufhörte weiter zu forschen. In vielem was ich las, entdeckte ich mich selbst wieder. Ich wußte bereits, warum ich ständig in Bewegung war und nicht ruhig sitzen konnte. In all meinen Schulzeugnissen stand: "Kann nicht stillsitzen", "Ist verspielt", "Spricht zuviel". Ich hatte ein ausgeprägtes Tastbewußtsein, was mit einem ständigen Verlangen nach Bewegung gekoppelt war. Ich möchte alles berühren, andere Menschen spüren. Ich muß sie an den Händen nehmen, um sie kennenzulernen. Das Bedürfnis nach Körperkontakt ist groß. Menschen, die einen solchen Bewegungsdrang verspüren, leben dies oft in aggressiven Sportarten aus. Obwohl beide Gehirnhälften ein psycho-motorisches Zentrum haben, wird die Beziehung Körper-Raum, hauptsächlich von der rechten Gehirnhälfte gesteuert. Im Gymnasium sind Jungen mit ausgeprägtem Tastbewußtsein und guter räumlicher Vorstellungskraft oft Mitglied der Fußballmanschaft, während sie in den sprachlichen Fächern versagen. Die gleichen Schüler können gut in Geometrie und schlecht in Algebra sein.

Ihr ausgeprägtes räumliches Bewußtsein ist sicherlich einer der Gründe, warum rechtshemisphärische Menschen oft große Künstler, gute Mechaniker, Architekten oder Dekorateure sind. Sie können gut mit Formen und Mustern umgehen. Sie haben nicht nur Spaß am Dekorieren, sondern es liegt ihnen einfach. Es fällt ihnen leicht, sich ganze Zimmer und Umgebungen geistig vorzustellen und zwischen Farben und Schattierungen zu unterscheiden. Programmierer verfügen gewöhnlich über stark ausgeprägte rechtshemisphärische Fähigkeiten. Sie haben schon das gesamte Programm im Kopf, bevor sie mit dem Programmieren beginnen. Rechtshemisphärische Menschen können als Schüler ausgezeichnet in Mathematik sein, vor allem in mathematischen Berechnungen, aber im Lesen und in den Sprachen Schwierigkeiten haben.

Obwohl sich die Veranlagungen für Singen und Musik vor allem in der rechten Gehirnhälfte befinden, ist die Fähigkeit, Noten zu lesen und Musik zu komponieren, in der linken Hemisphäre angesiedelt. Unsere großen Komponisten gehören wohl zu jenen Menschen, bei denen die Veranlagungen in beiden Gehirnhälften gleich stark ausgeprägt sind. Viele rechtshemisphärische Menschen singen sehr gerne. Da sich das Hörzentrum in der linken Gehirnhälfte befindet, haben einige von uns Schwierigkeiten, den Ton zu halten. Aber wir singen natürlich trotzdem. Wir summen vor uns hin - während der Predigt, in der Schule und natürlich in der Badewanne. Selbst beim Lernen müssen einige von uns Musik hören, andere brauchen ständig Lärm um sich .

Rechtshemisphärische Menschen verfügen über eine gute künstlerische Ausdrucksfähigkeit. Sie kritzeln ständig und überall etwas hin. Sie sind auch talentierte Holzschnitzer, Bildhauer, Maler oder Illustratoren. Zur kreativen Kunst gehört jede Kunstform, die keinem exakten Muster folgt, z.B. Blumenstecken, Modedesign und Innenarchitektur.

Rechtshemisphärische Menschen sind auf alle möglichen Arten kreativ. Sie haben einen Hang zum Visualisieren, d.h. sie sind ausgiebige Tagträumer. Wo immer sie sich auch befinden, sie fühlen sich wohl, weil sie sich jederzeit in die Welt, die sie sich in ihrem Kopf aufgebaut haben, zurückziehen können. Wenn sie sich langweilen, lassen sie einen Film in ihrem Inneren ablaufen. Sie sind dann beim Fischen oder am nächsten Strand und haben ihren Spaß dabei. Sie können ihrem Chef oder ihrem Lehrer voll in die Augen schauen und scheinbar aufmerksam zuhören, obwohl sie im gleichen Moment geistig völlig abwesend sind. Rechtshemisphärische Menschen sind sehr emotional. Sie verhalten sich anderen gegenüber gefühlvoll, weil sie deren Körpersprache verstehen. Obwohl man mit Hilfe von Sensibilität andere Menschen oder Situationen leichter einzuschätzen weiß, kann diese Fähigkeit von Nachteil sein, wenn die Information, die man erhält, kritisch ist. So ist es mir schon oft passiert, daß ich spürte, wie ein Mensch, der nach außen hin so tat, als würde er mich mögen, mich eigentlich ablehnte und verletzte. Andere können zu mir sagen was sie wollen, ich weiß immer was sie fühlen.

Rechtshemisphärische Menschen haben ein gutes Farbengefühl. Mir kann es passieren, daß ich morgens aufstehe, mich anziehe und dann zu mir sage: "Dies ist heute nicht die richtige Farbe für mich. So fühle ich mich heute nicht." Und schon reiße ich mir alles wieder vom Leibe. Ich kann nie sagen, in welcher Farbe ich mich wohl fühle, bevor ich nicht das entsprechende

Kleidungsstück angezogen habe. So ist das Bett meist mit Kleidern bedeckt, bevor ich das Haus verlasse. Manchmal hänge ich sie wieder in den Schrank, manchmal auch nicht. Aber wenn ich zur Tür hinausgehe, trage ich die Farbe, die mir das richtige Gefühl für diesen Tag gibt.

Während ich weitere Bereiche des Gehirns erforschte, wurden für mich die Theorien aus der Psychologie allmählich verständlich. Das erste Buch, das ich zu diesem Thema las, war *Die Psychologie des Bewußtseins* von Ornstein. Er legte dar, daß sich beide Gehirnhälften auf verschiedene Bewußtseinsformen oder Denkarten spezialisieren. Folglich können Menschen mit verschieden dominanten Gehirnhälften auch unterschiedliche Ansätze in der Gestaltung ihres Lebens haben. Dies kann sehr anstrengend sein, insbesondere wenn Menschen, die eine dominante rechte Hemisphäre besitzen, mit einem linkshemisphärischen Menschen verheiratet sind. Linkshemisphärische Menschen sind sehr geradlinig, das heißt, sie beginnen mit einer Sache am Anfang und arbeiten so lange, bis ein logisches Ergebnis vorliegt. Das Problem bei rechtshemisphärischen Menschen ist, daß sie immer zuerst wissen müssen, wie das Ergebnis aussieht, bevor sie zu arbeiten beginnen. Ist niemand da, der sagt wie das Ergebnis aussehen soll, fangen sie vielleicht nie zu arbeiten an. Sie arbeiten und denken ganzheitlich. Wenn ich etwas Neues lerne, muß ich zuerst mehrere Bücher lesen, bevor eines davon für mich sinnvoll ist.

Als ich das Buch *Lernen kann phantastisch sein* schrieb, zeichnete ich sechs Monate lang meine Vorlesungen auf Band auf. Ich machte meine Notizen auf alles, was mir zwischen die Finger kam, von der Serviette bis zum Flugticket - und dennoch konnte ich nicht mit dem Schreiben anfangen. Schließlich schrieb ich das Inhaltsverzeichnis und den Schluß. Von nun an wußte ich, was es für ein Buch werden sollte. Ich nahm mir vier Kästchen, beschriftete jedes mit einem Kapitel und legte die Notizen dafür in das richtige Kästchen.

Das linke Gehirn denkt in Symbolen. Ein Mensch mit Linkshirndominanz kann gut Landkarten oder Stadtpläne lesen. Rechtshemisphärische Menschen prägen sich eine Strecke nur ein, wenn sie sie schon einmal gefahren sind. Sie müssen eine Sache tun, anfassen oder fühlen, um sie zu verstehen. Sie müssen sie in der Hand halten oder zumindest so nah wie möglich an sie herangehen können. Wenn man zu diesen Menschen über abstrakte Dinge spricht, werden sie bald nicht mehr zuhören. Ein Hauptwort ist für einen rechtshemisphärischen Menschen nicht eine Person, ein Ort oder eine Sache, sondern viel eher etwas, was man sieht, berührt, schmeckt, fühlt oder riecht.

In der Fahrschule wurde mir beigebracht, nicht auf Eis zu bremsen. Ich erinnere mich daran, bei der schriftlichen Prüfung die richtige Antwort gegeben zu haben. Ich erinnere mich jedoch auch an den Tag, als ich das erste Mal auf Eis fuhr und dabei gegen die Leitplanke geschleudert wurde. Erst als ich selbst die Erfahrung gemacht hatte, hatte ich es wirklich gelernt.

Menschen mit Linkshirndominanz denken systematisch. Sie legen bereits morgens beim Aufstehen im Geist der Reihe nach die Aktivitäten fest, die sie heute erledigen wollen. Sie denken: "Ich muß tanken und zur Bank gehen, um 9.00 Uhr habe ich einen Termin, den nächsten Termin habe ich um 10.00 Uhr, mittags habe ich eine Verabredung" usw. usw. Wenn ich aufwache, sage ich mir: "Was muß ich heute alles erledigen? Ich muß einen Grill für das Abendessen besorgen, und ich muß die Post machen. Ich muß zur Arbeit und wenn ich nicht tanke, geht mir irgendwann das Benzin aus. Um 15.00 Uhr muß ich meinen Mann anrufen und ihn erinnern, Milch für die Party heute abend einzukaufen. Ich denke bei allem, was ich heute erledigen soll, einfach ins Blaue. Ich überlege mir nicht, in welcher Reihenfolge ich vorgehen muß.

Genauso geht es mir beim Hausputz. Wenn ich sauber mache, zerre ich zunächst alles heraus. Ein bißchen aus diesem Zimmer, ein bißchen aus jenem Zimmer und ein bißchen von was weiß ich woher. Wenn mein Mann hereinkommt, dreht er sich sofort wieder um und geht. Ich sage dann zu ihm: "Wenn es dir nicht paßt, wie ich unser Haus putze, kannst du es selbst machen. Ich habe sowieso keine Lust dazu." Ich bin kein Mensch, der irgend etwas in einer bestimmten Reihenfolge tun kann. Ich denke nicht der Reihe nach und kann nicht mal der Reihe nach schreiben. In meinem Kopf schwirrt alles durcheinander. Meistens ist es so, daß meine Gedanken schneller sind als mein Bleistift.

Das linke Hirn denkt logisch. Mein Mann ist logisch. Wenn es einen logischen Grund für irgend etwas gibt, wird er ihn finden. Gibt es keinen, versuche nicht, ihm dies verständlich zu machen. Rechtshemisphärische Menschen leben nicht auf diese Weise. Sie leben mehr aus dem Bauch heraus. Mein Mann würde sagen: "Gut - aber woher weißt du das?" Ich weiß nicht warum ich etwas weiß - ich weiß es einfach. Ich werde nie vergessen, wie mein Mann zwei Aktien kaufte und zu mir sagte: "Ich werde in eine von beiden investieren." Ich sagte zu ihm: "Investiere nicht in die eine." Er fragte mich: "Weißt Du einen logischen Grund?" "Ich weiß keinen - nur, investiere nicht in die eine." Er tat es dennoch und verlor Geld. Menschen mit Rechtshirndominanz wissen nicht immer, woher ihre Intuition kommt. Die Wissenschaftler fangen erst heute an, die intuitiven Fähigkeiten solcher Menschen zu verstehen. Jeder ist intuitiv veranlagt. Als rechtshemisphärischer Mensch scheint man jedoch ein größeres intuitives Vorstellungsvermögen zu haben. Man kann nicht erklären, woher die Ideen kommen. Wenn man sie besitzt, sollte man auf sie hören.

Linkshemisphärische Menschen sind sprachlich sehr gewandt. Sie können Ereignisse sehr gut beschreiben, verfügen über einen großen Wortschatz und drücken sich in kompletten Sätzen aus. Rechtshemisphärische Menschen können sich verbal nicht so gut ausdrücken. Sie sprechen viel, haben aber Schwierigkeiten, ihre Gedanken zu formulieren. Sie sprechen ihre Sätze nicht zu Ende und gestikulieren viel. Sie haben Probleme, Dinge exakt zu benennen. Das würde sich bei mir ungefähr so anhören: "Louis, bring mir das, du weißt schon, das Ding, das ungefähr so lang ist - das Ding, mit dem man die Krümmel einsammelt; es ist dort oben auf dem Regal-du weißt schon, was ich meine, es ist braun und weiß und es steht auf dem zweiten Brett." Er würde sagen: "Barbara, wovon sprichst du eigentlich?" Und ich würde antworten: "Ich meine den kleinen Staubsauger." Er würde sagen: "Ach, du meinst den Tischstaubsauger." "Genau, den will ich haben." Manchmal fallen mir die Worte einfach nicht ein. Durch die Gehirnforschung wissen wir, daß die rechte Gehirnhälfte uns in die Lage versetzt, über etwas zu sprechen, Dinge zu beschreiben, zu sagen wofür etwas gebraucht wird, aber uns nicht dabei hilft, diese Dinge exakt zu benennen. Menschen mit Rechtshirndominanz drücken sich ihr Leben lang so aus. Menschen mit linkshemisphärischer Veranlagung dagegen sagen: "Gib dem Ding einen Namen, damit ich verstehe, was du meinst."

Als Studentin mit Rechtshirn-Dominanz habe ich häufig Worte falsch benutzt oder sie nicht richtig interpretiert. Wenn ich so zurückdenke, waren einige Vorfälle sehr amüsant. Im Gymnasium in einem Kurs über englische Literatur sollten wir einmal über unseren Lieblingsdichter sprechen. Wir mußten seinen Werdegang beschreiben und erklären, warum uns gerade das Werk dieses Dichters so gut gefiel. Ich stand auf und sagte: "Ich mag diesen Dichter, weil er so kreativ und großartig ist, und weil er unterschiedliche Stilrichtungen anwendet. Unabhängig davon, welchen Stil er benutzt, er schreibt immer gute Gedichte." Ich sagte, der Name des Dichters sei Anon. Ich war in der Unterstufe des Gymnasiums. Niemand lachte mich aus, was wirklich etwas Besonderes war, denn es hätte in einer Katastrophe enden können. Dies ist ein typisches Beispiel für Situationen, in die rechtshemisphärische Menschen geraten können. Meine Assoziationen waren richtig, was Stil, Versmaß und Kreativität betraf - nur den Namen verfehlte ich. Auch heute noch geht es mir häufig so, daß ich Autorennamen einfach nicht behalte. Ich kann mich an den Buchtitel erinnern, an den Inhalt und ich weiß wie der Buchumschlag aussieht, aber aus irgendeinem Grund fällt mir der Name des Autors nicht ein.

Linkshemisphärische Menschen haben gewöhnlich ein gutes Zeitgefühl. Sie hassen es, zu spät zu kommen. Bei rechtshemisphärischen Menschen dagegen scheint eine Trennung zu bestehen zwischen ihrem Zeitgefühl und ihrer Fähigkeit, pünktlich zu sein. Zunächst einmal denkt man, diese Menschen haben gar kein Zeitgefühl. Sie kommen immer zu spät. Sie können rausgehen, um eine Zeitung zu holen und erst nach zwei Tagen wiederkommen. Ich konzentriere mich oft so auf das, was ich gerade tue, daß ich dabei vergesse, daß ich eigentlich woanders erwartet werde, oder ich denke, ich könnte noch eine Maschine Wäsche waschen. Ich bemühe mich wirklich, aber meistens komme ich doch zu spät. Andererseits brauche ich keinen Wecker zu stellen, wenn ich morgens um sieben Uhr aufwachen möchte. Ich habe eine intuitive innere Uhr-die ich allerdings gelegentlich ignoriere.

Linkshemisphärische Menschen denken abstrakt, während rechtshemisphärische Menschen sich meist an bereits Erlebtem orientieren. Ich habe zwei rechtshemisphärisch veranlagte Kinder erzogen, und nun habe ich einen rechtshemisphärisch veranlagten Enkel. Aus Erfahrung weiß ich, daß man Kinder mit Logik und Vernunft nicht disziplinieren kann. Es ist normalerweise reine Zeitverschwendung, wenn man zu ihnen sagt: "Wenn du deine Arbeit getan hast, kannst du zum Spielen rausgehen, wenn du sie nicht tust, gehst du auf dein Zimmer." Es ist ihnen gleich, ob sie auf ihr Zimmer gehen oder nicht. Sie würden ohnehin am liebsten dort sein und Musik hören, lesen, oder vor sich hinträumen. Das, was wir sagen, registrieren sie gar nicht, weil es für sie im Moment vollkommen unwichtig ist.

Als meine Tochter aufwuchs, hatte sie immer ein Chaos in ihrem Zimmer. Ich drohte ihr. Ich nahm ihr die Sachen weg, die sie herumliegen ließ, aber nichts half. Zu ihrem Geburtstag schenkte ich ihr einen jungen Hund. Der Hund zerbiß zwei ihrer Markenjeans, die am Boden herumlagen. Das reichte. Nun war es ihr Problem! Von da an wurde alles aufgeräumt. Zugegeben, das ganze Chaos war jetzt unter der Truhe und im Schrank, aber zumindest konnte ich es nicht sehen.

Alle rechtshemisphärischen Menschen reagieren ähnlich, wenn man versucht, sie zu disziplinieren, und sie sind sehr empfänglich für Humor. Als ich Jugendliche unterrichtete, machte ich die Erfahrung, daß ich mit Sätzen wie, "Mach deine Hausaufgaben, sonst ..." nichts erreichen konnte. Wenn ich jedoch sagte: "Wenn du deine Hausaufgaben nicht machst, reiße ich dir den Kopf ab und schieße ihn nach Sibirien", zeigte dies meist seine Wirkung und der Schüler fing an zu arbeiten.

Linkshemisphärische Menschen stellen sich auf die Anforderungen des Lebens gut ein. Sie tun das, was andere von ihnen erwarten. Das Leben in einer linkshemisphärischen Welt bereitet ihnen keine Schwierigkeiten. Rechtshemisphärische Menschen versuchen hingegen, die Umwelt so zu ändern, daß sie ihren Grundbedürfnissen entspricht. Dies läßt sie egozentrisch erscheinen, was aber nicht wahr ist. Man hält sie für Rebellen und Nonkonformisten. Hat man einmal verstanden, daß links- und rechtshemisphärische Menschen ihr Leben auf unterschiedliche Weise angehen, kann man sich selbst besser einschätzen. Seit mein Mann und ich wissen, daß wir unterschiedlich veranlagt sind, haben wir damit aufgehört, den anderen ändern zu wollen. Wir haben es gelernt, uns gegenseitig zu akzeptieren und Freude aneinander zu haben. Immerhin, zusammen machen wir ein ganzes Gehirn aus.

*"Sich verändern heißt,
sich selbst lieben zu lernen."*

Hugh Prather
Bemerkungen über Liebe und Mut

FLUGZIEL
Werde, was du bist

Im gleichen Maße wie ich lernte, mich an der Linkshirn-Dominanz meines Mannes zu erfreuen, lernte ich,
auch meine Rechtshirn-Dominanz zu akzeptieren. Das
Gefühl ein Versager zu sein, jemanden verletzt zu haben oder die Schuld für etwas zu tragen, nur weil ich
anders bin, gibt es für mich nicht mehr. Ich habe mich
entschieden, meine Rechtshirn-Dominanz als ein Geschenk zu betrachten. Ich habe entdeckt, daß jeder
Mensch einzigartig und der Mittelpunkt seines eigenen
Universums ist. Ich kenne die Welt durch meine eigenen Erfahrungen und nicht durch die anderer. Innerhalb dieses Universums verändern wir uns und entwickeln uns weiter. Da es mein Universum ist, habe ich
die Kontrolle darüber. Folglich habe ich auch die Kontrolle über die Veränderungen und Weiterentwicklun-
gen in meinem Leben. In seinem Buch *Love* schreibt Leo
Buscaglia: ". . . ein Mensch ist immer in der Lage, sich
weiterzuentwickeln und zu verändern, und wer das
nicht glaubt, ist im Begriff zu sterben."

Glauben Sie mir. Wenn Ihnen nicht gefällt, was in Ihrem Leben geschieht, ändern Sie es. Übernehmen Sie
Verantwortung: Sie allein sind für Ihr Leben verantwortlich und haben als einziger die Macht und Verant-

wortung es zu verändern. Sie müssen es tun! Kein anderer kann es für Sie tun!

Das Gehirn ist der Träger unserer Intelligenz. Durch unsere Gedanken wird unser Leben zur Realität. Unser Mind bestimmt unsere Gefühle, Einstellungen und Handlungen. Wenn Sie etwas Trauriges denken, werden Sie sich auch traurig fühlen. Wenn Sie denken, daß Sie etwas nicht mögen, werden Sie es auch nicht mögen. Wenn Sie der Meinung sind, ein Versager zu sein, werden Sie auch versagen.

Unser Mind steuert unser Leben, aber *wir können unseren Mind steuern*. Denken Sie an das traurigste Erlebnis, das Sie je hatten. Fühlen Sie die Traurigkeit, den Schmerz. Nun stellen Sie sich in ihrem Mind eine wunderschöne Schneeflocke oder Blume vor. Konzentrieren Sie sich darauf. Was geschah mit der Traurigkeit und dem Schmerz? Sind sie vergangen?

Wenn Sie sich gerne glücklich, geliebt und erfolgreich fühlen wollen, denken Sie an die Dinge, die Ihnen Freude bereiten, die Ihnen das Gefühl geben, geliebt zu werden, und die Ihnen helfen, erfolgreich zu sein. Halten Sie nach dem Guten Ausschau. Sie werden finden, wonach Sie suchen. Die Art und Weise wie wir denken, beeinflußt auch unsere Erlebnisse.

Vor einigen Jahren redete man mir ein, ich hätte 150 verschiedene Allergien und müßte mit meiner Ernährung sehr vorsichtig sein. Ich war allergisch gegen

Zucker, alle Lebensmittelzusätze, Lebensmittelfarben, Konservierungsmittel, Kaffee, Alkohol und Fast Food allgemein. Bei der Behandlung im Krankenhaus klagte ich heftig über meine Allergien. Eine Krankenschwester kam in mein Zimmer und hörte mir zu. Sie sagte ruhig: "Gott muß Sie sehr lieben. Sie sind nur gegen solche Sachen allergisch, die ohnehin niemand von uns essen sollte." Ich wurde plötzlich *wach*. Heute habe ich keine Allergien mehr, sondern ich bin mir darüber bewußt, wie ich mich ernähren muß, um gesund zu bleiben. Wenn Sie sich von einem Problem oder aus einer Situation befreien wollen, dann ergreifen Sie die Gelegenheit. Seien Sie bereit dazuzulernen. Wachsen Sie mit dem Leben, klagen Sie nicht darüber. Je mehr Sie über sich selbst erfahren, desto mehr Unentdecktes werden Sie von sich finden.

Die nie enden wollenden Herausforderungen an unsere Selbsterkenntnis finde ich oftmals sehr frustrierend. Vor einigen Jahren hatte ich einmal ein Vorstellungsgespräch. Ich wollte diesen Job unbedingt. Ich kaufte mir einen teuren Hosenanzug, ging zum Friseur und informierte mich sehr detailliert über die Firma. Ich übte sogar die Antworten zu den Fragen, die ich erwartete, vor dem Spiegel. Ich bekam die Stelle nicht. Anstatt mich jedoch unzulänglich zu fühlen und mich zu grämen, daß ich abgewiesen worden war, betrachtete ich dieses Gespräch als eine Erfahrung, aus der ich lernen konnte. Wäre ich von Anfang an davon ausgegangen, daß ich die Stelle bekomme, wäre ich auch erfolgreich gewesen. Anstatt irgend etwas zu erzwingen, lasse ich die Dinge nun auf mich zukommen. Zwei Wochen später bekam ich meinen Traumjob.

Seit ich mich selbst nicht mehr unter Druck setze, habe ich gelernt, ganz ich selbst zu sein und auf mich zu hören. Vielleicht habe ich das Glück, schon in den nächsten Minuten mehr über mich selbst zu erfahren, im Augenblick aber gibt es für mich nicht mehr zu erreichen. Vollkommen ich selbst zu sein, bringt mir den richtigen Job, die richtige Beziehung und gibt mir das Gefühl am richtigen Ort zu sein.

Vom ersten Schultag an wird uns beigebracht, daß alles, was wir tun, so auszusehen hat wie bei den anderen. Auch am Gymnasium und sogar an der Universität ist Anpassung gefragt. Dennoch bringen wir jedesmal, wenn wir eine Entscheidung treffen, Veränderung in unser Leben. Unsere Zukunft basiert auf den Entscheidungen von heute. Darum: Lassen Sie sich nichts gefallen; machen Sie sich Ihre eigenen Gedanken und treffen Sie Ihre eigenen Entscheidungen. Überlassen Sie es nicht anderen, für Sie zu entscheiden. Hören Sie auf Ihre innere Stimme. Sie wird Ihnen die richtige Antwort geben, um Ihre Träume Wirklichkeit werden zu lassen.

Denken Sie daran, nur Sie selbst müssen täglich vierundzwanzig Stunden mit sich leben. Lassen Sie sie nicht sinnlos verstreichen. Wenn Sie in der Gegenwart leben, haben Sie keine Zeit, über irgendwelche Mißgeschicke aus der Vergangenheit nachzudenken oder sich Sorgen um die Zukunft zu machen. Investieren Sie Ihre ganze Energie in das, was Sie im Augenblick am besten können - und warten Sie die Ergebnisse ab.

Seien Sie nett zu sich selbst. Kürzlich war ich ziemlich deprimiert, weil ich ein Fernsehinterview verpatzt hatte. Manchmal hilft mir dann ein Spaziergang am Strand, um neue Energie zu schöpfen und wieder zu mir selbst zu finden. Als ich am Meer entlangging und auf das Rauschen der Wellen hörte, sah ich einen jungen Mann auf mich zulaufen. Auf seinem T-Shirt war zu lesen: "Hab Geduld - Gott ist mit mir noch nicht fertig." Plötzlich betrachtete ich das Interview nicht mehr als ein Mißgeschick, sondern als eine Möglichkeit, mich weiterzuentwickeln. Während ich das Interview analysierte, bemühte ich mich um Geduld mit mir. Ich erkannte, daß ich nur dem Gastgeber gefallen wollte und dabei die Kontrolle über mich selbst verloren hatte. Eine Woche später hatte ich ein ähnliches Interview, das großartig lief.

Denken Sie einmal darüber nach, ob Sie sich vielleicht schon so daran gewöhnt haben zu versagen, daß Ihnen Erfolg Angst macht. Ohne uns darüber bewußt zu sein, fühlen wir uns manchmal wohl, obwohl wir im Grunde unglücklich sind. Dies hat sich in meinem Leben bereits mehrmals bestätigt. Als kleines Mädchen bekam ich von meiner Mutter nur dann Liebe und Zuwendung, wenn ich krank war. Als ich erwachsen wurde und die ersten Beziehungen mit Männern hatte, stellte ich fest, daß ich immer dann krank wurde, wenn sich eine Beziehung zu vertiefen begann. Es dauerte Jahre, bis ich den Zusammenhang erkannte.

Kürzlich zeigte sich wieder einmal meine Unfähigkeit, mit Erfolg umzugehen. Mein Buch war gerade veröffentlicht worden, und ich bekam die ersten positiven Kritiken. Jedesmal, wenn jemand auf mich zukam und etwas Nettes über das Buch sagte, schnürte sich mir die Kehle zu, ich bekam feuchte Augen und mein Atem stockte. Eigentlich sollte ich mich in so einer Situation wohl fühlen, aber sie war mir unangenehm. Ich lerne nun Schritt für Schritt, Freude und Erfolg zu genießen.

Unser Vorstellungsvermögen ist ein Geschenk, seien Sie stolz darauf! Albert Einstein sagte:

"Die Vorstellungskraft ist wichtiger als das Wissen. Während das Wissen begrenzt ist, umfaßt die Vorstellungskraft die ganze Welt. Sie stimuliert den Fortschritt und schafft die Evolution."

Umarmen wir die Welt!

Akzeptieren Sie Ihr intuitives Wissen. Intuition ist eine besondere Art des Wissens. Es ist Ihre innere Stimme. Hören Sie auf sie! Als George Washington Carver gefragt wurde, woher er wußte, was mit den Erdnüssen geschehen sollte, sagte er: "Ich habe sie gefragt." Das ist alles. Seine Entdeckung half Millionen von Menschen. Ihre Intuition ist eine wertvolle Gabe.

Sie werden immer das sein, wofür Sie sich halten. Der Ausweg aus dem Irrgarten des Versagens heißt, an sich selbst zu glauben. Sie sollten wissen, daß Sie immer das sein können, was Sie sein möchten. Wenn Sie sich Ihrer selbst bewußt sind und wissen, welch unbegrenztes Potential in Ihnen steckt, können Sie das Leben betrachten, als gäbe es keine Grenzen, nur unterschiedliche Ansätze, um zum Ziel zu kommen.

Ich bin ein Individuum . . .
mein eigenes unverwechselbares Selbst
mit eigener Identität.
Ich bin wie eine Schneeflocke,
die sich von allen unterscheidet,
mit Fähigkeiten und Neigungen,
Gefühlen und Ansichten,
Idealen und Überzeugungen . . .
geformt nach einem Muster,
das es nie zuvor gab.

Karen Raun
Unsere Reise ins innere Ich

"Alles was ich möchte und brauche, ist, in Harmonie mit mir selbst zu leben."

Hugh Prather
Bemerkungen über mich selbst

Mit dem Wind fliegen
Ein rechtshirn-orientierter
Umgang mit Streß

Obwohl ich mich weiterentwickle und lerne, mich über meine Rechtshirn-Dominanz zu freuen, ist es für mich auch heute noch schwierig, in einer linkshirn-orientierten Welt zu leben. Ich bin noch immer hin- und hergerissen zwischen dem, was von mir erwartet wird, und dem Wunsch, meine Welt so zu ändern, daß sie meinen Bedürfnissen entspricht. Auch Sie haben vielleicht Schwierigkeiten, mit dieser linkshemisphärischen Welt zurechtzukommen. Sie fühlen sich vielleicht, genauso wie ich, unter Druck gesetzt. Manchmal bin ich sehr schlampig, obwohl ich weiß, daß es notwendig ist, mich zu organisieren. Ich tue nichts der Reihe nach. Meine Freunde halten mich nicht für besonders logisch. Sie lachen oft über meine Art zu denken. Es fällt mir schwer, täglich eine bestimmte Anzahl von Stunden für meine schriftstellerische Arbeit einzuplanen. Meine Kreativität erwacht zu unberechenbaren Zeiten, manchmal um drei oder vier Uhr morgens. Und ich komme immer zu spät. Mein innerer Rhythmus paßt einfach nicht in das übliche Schema.

Ich habe alle Bücher über Zeitplanung und Streß gelesen. Mit keinem konnte ich etwas anfangen. Wie kann man lernen, sich besser zu organisieren, wenn man

nicht organisiert genug ist, um überhaupt damit anzu-
fangen? Wie kann man Prioritäten setzen, wenn man
sich nicht an das Wichtige, das man tun wollte, erinnern kann? Je mehr ich darüber las, desto nervöser und
entmutigter fühlte ich mich.

Ich stellte fest, daß die linkshemisphärische Welt
ganz und gar nicht für rechtshemisphärische Menschen geschaffen ist. Rechtshemisphärische Menschen
werden ständig dazu aufgefordert, Erwartungen zu er-
füllen, die nicht ihrem Naturell entsprechen: ruhig zu
sitzen, das Konto auszugleichen, sich so zu kleiden wie
alle anderen oder an fällige Rechnungen zu denken.
Manchmal denke ich Projekte im Kopf bis zum Ende
durch, verliere dann aber die Lust, sie in die Tat umzu-
setzen. Ich weiß, daß ich mit Wörtern wie "sollen" und
"müssen" Probleme habe. Als rechtshemisphärischer
Mensch möchte ich mir von niemandem sagen lassen,
wie ich mein Leben zu gestalten habe. Wenn ich Bücher
wie *Passages* lese, die mir sagen, welche Phasen ich in
meinem Leben durchmache, ist meine erste Reaktion:
"Wollen wir wetten?" Ich versuche dann absichtlich das
Gegenteil zu beweisen, nur um zu zeigen, daß bei mir
alles anders ist.

Ich komme mir dabei vor wie mein zweijähriger Enkel. Wenn ich etwas Bestimmtes von ihm erwarte, sage
ich ihm, er soll es nicht tun. Vor kurzem war er bei mir
zum Abendessen. Es gab Erbsen, Kartoffelbrei und
Hühnchen. Gewöhnlich mischt er die Hälfte der Erbsen unter die Kartoffeln und schießt die noch übrigen

durch das Zimmer. Er achtet immer darauf, keine einzige Erbse zu essen. Dieses Mal entschloß ich mich dazu, ihm zu verbieten, auch nur eine einzige Erbse zu essen. Er aß mehr als die Hälfte!

Dies ist kein Vorschlag, wie man Kinder bändigt, sondern ein Beispiel dafür, daß ich mich oft wie ein zweijähriges Kind verhalte, sobald jemand versucht, sich in mein Leben einzumischen. Meine Reaktion ist jedoch eine andere, wenn ich jemandem die Erlaubnis dazu gegeben habe. Ich fühle mich dann nicht unter Druck gesetzt und sage in etwa: "Ich hätte gerne Deine Meinung dazu, wie ich mich in dieser Situation verhalten soll. Ich werde eine bessere Entscheidung treffen, wenn ich Deinen Standpunkt kenne."

Streß ist subjektiv. Dinge, über die *ich* mich aufrege, können *anderen* völlig gleichgültig sein. Ein unordentlicher Schreibtisch im Büro macht meine Sekretärin wahnsinnig. Ich hingegen kann es nicht haben, wenn ich die Schreibtischplatte sehen kann - meine Ordnung ist die Unordnung. Obwohl ich ständig zu spät komme, hasse ich es, zu spät zu kommen. Andere rechtshemisphärische Menschen denken sich vielleicht weniger dabei. Sie tauchen einfach irgendwann auf. Von daher können Sie sich nicht irgendein Buch aussuchen und davon ausgehen, daß dessen Inhalt für Sie interessant ist. Der Autor hat über die Dinge geschrieben, die ihm Streß bereiten. Zunächst einmal sollten Sie herausfinden, was bei Ihnen Streß hervorruft. Wenn es Ihnen nichts ausmacht, zu spät zu kommen, kümmern Sie sich nicht um Pünktlichkeit. Wenn es Sie stört, tun Sie etwas dagegen.

Wenn Sie etwas dagegen tun, versuchen Sie nicht, gegen Ihre Rechtshirn-Dominanz anzukämpfen. Wenn in Ihrem Leben nicht alles perfekt geregelt ist, versuchen Sie nicht, es anders einzurichten, nur um anderen einen Gefallen zu tun. Sie werden sich nur mehr Streß machen. Lernen Sie sich so zu akzeptieren, wie Sie sind, und richten Sie Ihr Leben danach ein. Kommen Sie zu der Einsicht, daß Sie nicht perfekt sein müssen. Solange Sie Ihre Dinge erledigen, ist es in Ordnung schlecht organisiert zu sein.

Kürzlich rief mich eine Unternehmensberaterin an und lud mich zu einem Wochenend-Seminar über rationelle Arbeitstechniken ein. Sie sagte: "Wir werden Ihnen zeigen, wie Sie Ihr Leben so organisieren können, daß Sie Ihre Zeit effektiver nutzen können." Ich sagte: "Ich habe kein Interesse". Sie fragte: "Warum nicht - ich habe gehört, daß Sie Probleme mit Ihrer Organisation haben?" Ich antwortete: "Das mag schon sein, dennoch bin ich nicht bestrebt, noch mehr als bisher schon zu erledigen."

Dr. Norman Vincent Peale und seine Frau haben Streß als "eine Reaktion auf eine Situation oder Idee" definiert. "Es kann eine positive oder negative Reaktion sein. Negative Reaktionen können Sie entmutigen, während positive Reaktionen Ihnen eine Chance geben, sich weiterzuentwickeln."

Zu viel positiver Streß und zu viele positive Ereignisse können genauso schlecht für Sie sein wie zu viel negativer Streß. Ich habe es bis heute noch nicht gelernt, mich bedingungslos zu lieben. Die Zuneigung anderer zu akzeptieren, bereitet mir Streß.

Streß ist nicht immer offensichtlich. Wenn Sie Schmerzen haben, ist dies ein Zeichen dafür, daß etwas nicht in Ordnung ist. Wenn Sie Streß empfinden, ist dies auch ein Zeichen dafür, daß etwas nicht in Ordnung ist. Jedesmal, wenn jemand zu mir sagte: "Du bist großartig", fing ich an zu weinen. Ich erkannte, daß mein Problem die Art und Weise war, wie ich mich selbst sah. Ich sah ein, daß ich den Streß nur vermindern konnte, wenn ich in mich hineinhorchte und den Grund herausfand.

Manchmal sind wir jedoch unfähig, in uns hineinzuhorchen. Vor ungefähr fünf Jahren beschloß ich, liebenswerter zu werden. Immer und immer wieder sagte ich zu mir: "Ich werde liebenswerter, ich werde liebenswerter." Ich nahm 15 Kilo zu. Die liebenswerteste Person, die ich je gekannt habe, war meine Großmutter und sie war immer ziemlich dick. Indem ich mir vornahm liebenswerter zu sein, wollte ich eigentlich so werden wie sie. Dieser Gedankengang lief bei mir unbewußt ab.

Die Ursache finden

Wenn Sie rechtshemisphärisch veranlagt sind und sich überfordert fühlen, versuchen Sie zu verstehen, daß ein Teil Ihres Stresses dadurch entsteht, daß Sie nicht das ganze Bild sehen. Sie sehen nur Teile davon. Sie müssen irgendeinen Weg finden, um die ganze Situation zu überblicken, sonst können Sie den Streß nicht verarbeiten. Eine Möglichkeit ist, sich zurückzulehnen und über all das nachzudenken, was bei Ihnen Streß verursacht. Nehmen Sie ein Blatt Papier und schreiben Sie. Schreiben Sie alles auf, was Ihnen in den Kopf kommt - Wörter, Ideen oder kurze Sätze. Bringen Sie jeden Gedanken zu Papier. Lesen Sie, was Sie geschrieben haben. Sehen Sie ein Hauptproblem? Folgen Ihre Gedanken einem bestimmten Muster? Ist die Ursache des Stresses, daß zuwenig Geld da ist oder daß jemand nicht weiß, wie man mit Geld umgeht oder beides? Nehmen Sie sich die Zeit herauszufinden, was Sie wollen und was bei Ihnen Streß hervorruft.

Energie freimachen

Fangen wir mit einigen einfachen Möglichkeiten an, wie man sich von Streß befreien kann. Wenn wir uns in einer Streßsituation befinden, baut sich in uns elektrische Energie auf. Glücklicherweise verfügt unser Körper über einige Punkte, mittels derer wir überflüssige Energie freisetzen können. Versuchen Sie, diese Punkte zu lokalisieren. Einer dieser Punkte befindet sich an Ihrem Nacken. Wenn Sie Ihren Nacken massieren, können Sie sofort Energie freisetzen. Falls ein Freund von Ihnen unter Verspannung, leidet massieren Sie seinen Nacken. Sie werden feststellen, daß er beginnt, sich zu entspannen.

Haben Sie schon einmal eine Person gesehen, die sich in einer Streßsituation den Arm reibt? An der Innenseite des Ellbogens sitzen Punkte, über die wir Energie freilassen können. Ein weiterer Punkt befindet sich in unseren Kniekehlen. Wenn Sie in einer Streßsituation sind und nicht die Möglichkeit haben, sich zu massieren, lassen Sie einfach Ihre Beine schwingen oder reiben Sie Ihre Kniekehlen an der Stuhlkante. Sie werden sich dabei entspannen. Viele Menschen mögen es auch, wenn man ihre Fußsohlen massiert oder ihren Rücken reibt. Bauen Sie Ihren Streß ab, indem Sie lernen, die Punkte, durch die Sie Energie freisetzen, zu nutzen.

Entspannen Sie Ihre Augen

Auch an einem ganz normalen Tag ermüden Ihre Augen, besonders dann, wenn Sie an einem Computer arbeiten, viel Schreibarbeit erledigen oder den ganzen Tag fernsehen. Schließen Sie Ihre Augen, um sie zu entspannen. Legen Sie Ihren Kopf so weit wie möglich nach hinten, jedoch nicht so weit, daß es schmerzt. Halten Sie Ihre Augen geschlossen. Schauen Sie nach oben und dann nach unten. Rollen Sie Ihre Augen nach links und dann nach rechts. Bewegen Sie Ihre Augen langsam. Rollen Sie Ihre Augen nun erst gegen den Uhrzeigersinn und dann mit dem Uhrzeigersinn. Wiederholen Sie die ganze Übung so oft, wie Sie sich dabei wohlfühlen. Normalerweise ist dreimal ausreichend. Bringen Sie nun Ihren Kopf so langsam wie möglich wieder nach vorne. Sie werden feststellen, daß die Spannung um Ihre Augäpfel und Augenlider abgenommen hat. Fühlen Sie den Unterschied?

Finden Sie das Zentrum Ihres Körpers

Wir alle besitzen ein physiologisches Zentrum unseres Körpers, das bei jedem Menschen woanders lokalisiert ist. Beginnen Sie damit, Ihr eigenes Zentrum zu finden. Wenn Sie aufrecht stehen, können Sie es fühlen. Stellen Sie sich so hin, daß sich Ihre Füße direkt unter den Schultern befinden und Ihr Körper im Gleichgewicht ist. Lassen Sie Ihre Arme seitlich hängen und entspannen Sie sie. Versuchen Sie Ihr Zentrum zu fühlen; normalerweise liegt es zwischen den beiden untersten Rippen. Stellen Sie sich das Zentrum des Gleichgewichtes vor und legen Sie Ihre Hand auf diesen Punkt. Stellen Sie sich nun vor, daß Sie sehr klein sind und sich ganz in Ihrem Inneren befinden. Versuchen Sie, sich selbst zu fühlen, und nehmen Sie Ihre Gefühle wahr. Konzentrieren Sie Ihr ganzes Ich auf diesen kleinen Punkt. Während Sie dies tun, möchte ich Sie ermuntern, daß Sie versuchen, sich wohlzufühlen. Wenn Sie sich richtig wohl fühlen, lassen Sie dieses gute Gefühl wachsen, bis es Ihren ganzen Körper vollkommen ausfüllt. Versuchen Sie, dieses Gefühl bewußt zu erleben. Dies ist Ihr Sein - Ihr wahres Ich.

Atmung

Eine andere Art und Weise der Entspannung ist das Atmen. Kürzlich las ich einen interessanten wissenschaftlichen Bericht über Atmung. Seit der Erfindung von "CAT Scan" ist es möglich, Aufnahmen vom Gehirn zu machen. Wissenschaftler haben mit Hilfe von "CAT Scan" herausgefunden, daß wir unsere rechte Gehirnhälfte aktivieren, indem wir durch das linke Nasenloch atmen. Wenn wir durch das rechte Nasenloch atmen, aktivieren wir unsere linke Gehirnhälfte. Vielleicht erleben die Yogis das Gefühl der Balance und Einheit dadurch, daß sie durch die bewußte Atmung wechselseitig beide Gehirnhälften aktivieren.

Sequentielles Atmen ist eine Weise, die linke Gehirnhälfte zu aktivieren. In einer linkshirnbetonten Atemübung atmet man nach einem bestimmten Rhythmus und zählt dabei. Sind Sie bereit? Atmen Sie ein, 1-2-3 und weiter bis 6. Atmen Sie aus, 1-2-3-4-5-6. Atmen Sie ein, 1-2-3-4-5-6. Atmen Sie aus, 1-2-3-4-5-6. Beginnen Sie sich zu entspannen oder fühlen Sie sich gestreßt?

Viele Menschen, die versuchen nach einem gewissen Rhythmus zu atmen, verspannen sich dabei besonders dann, wenn Sie rechtshemisphärisch veranlagt sind. Es macht sie wahnsinnig, wenn man Ihnen sagt, Sie sollen so und so oft mal einatmen und so und so oft mal ausatmen. Zur Aktivierung der rechten Gehirnhälfte eignet sich freies Atmen besser. Schließen Sie Ihre Augen. Atmen Sie so, wie Sie es immer tun. Atmen Sie ruhig und tief ein und aus, und zwar in Ihrem eigenen Rhythmus - aber zählen Sie nicht dabei. Tiefes, natürliches Atmen entspannt die Herzmuskulatur, erhöht den Sauerstoffgehalt im Blut und entspannt den Körper allgemein. Atmen Sie so, wie Sie sich dabei am wohlsten fühlen. Aber *atmen* Sie.

Atmung mit Farben

Es gibt noch andere Atemtechniken. Rechtshemisphärische Menschen haben eine starke Beziehung zu Farben. Versuchen Sie einmal, in den Farben des Regenbogens zu atmen. Beginnen Sie mit einem dunklen Rot. Atmen Sie Rot ein und dann wieder aus. Bei jedem Ausatmen atmen Sie Spannung aus. Atmen Sie dann Orange ein und atmen Sie es zusammen mit all Ihren negativen Gedanken wieder aus. Atmen Sie so mit jeder Farbe des Regenbogens. Wenn Sie bei Violett angelangt sind, werden Sie sich ganz entspannt und locker fühlen. Sie werden emotional ausgeglichen und energiegeladen sein. Diese Atemtechnik baut Streß ab und wirkt am effektivsten so gegen zwei Uhr nachmittags,

wenn man das Gefühl hat, man könnte jederzeit ein-
schlafen.

Mit Farben sein physiologisches Zentrum finden

Farben haben einen entscheidenden Einfluß auf den
Menschen. Wissenschaftler haben herausgefunden,
daß Menschen im Gefängnis ganz merkwürdig auf die
Farbe Rosa reagieren. Manche Straftäter, die bei ihrer
Verhaftung gewalttätig werden, beruhigen sich sofort,
wenn man sie in eine rosa Zelle bringt. Das Problem dabei ist jedoch, daß die Wirkung nur etwa zwanzig Minuten anzuhalten scheint.

Die folgende Übung wird Ihnen helfen herauszufinden, welche Wirkung Farben auf Sie haben. Stellen Sie
sich so hin, daß Ihre Füße sich direkt unter ihren Schultern befinden und strecken Sie Ihren linken Arm aus.
Schauen Sie auf eine bestimmte Farbe. Lassen Sie nun
einen Freund seine linke Hand auf Ihre rechte Schulter
und seine rechte Hand auf Ihren ausgestreckten linken
Arm in Nähe des Handgelenkes legen. Schauen Sie die
Farbe weiter an. Versuchen Sie Ihren Arm in der gleichen Stellung zu halten, während Ihr Freund versucht,
ihn nach unten zu drücken. Wenn Ihr Arm stark bleibt,
ist dies eine gute Farbe für Sie. War Ihr Arm schwach,
würde ich Ihnen nicht raten, sich mit dieser Farbe zu
umgeben. Es gibt Farben, die eine negative Wirkung

auf uns haben, das heißt, sie nehmen uns Energie und machen uns lustlos. Und es gibt solche, die uns aufbauen. Die Wirkung der Farben ist von Mensch zu Mensch unterschiedlich. Machen Sie sich bewußt, welche Farbe Sie entspannt und welche Farbe Ihnen hilft, schneller zu arbeiten oder kreativer zu sein.

Das Visualieren von Farben

Manchmal können wir nicht herausfinden wie eine bestimmte Farbe auf uns wirkt. In diesem Fall sollte man lernen, die Farbe zu visualisieren. Stellen Sie sich vor Ihrem inneren Auge Ihre Lieblingsfarbe vor. Achten Sie darauf, was in Ihrem Körper dabei vorgeht. Nehmen Sie anschließend eine Farbe, die Sie überhaupt nicht mögen, und visualisieren Sie sie. Fühlen Sie, was mit Ihnen geschieht? Denken Sie jetzt wieder an Ihre Lieblingsfarbe. Spüren Sie den Unterschied in Ihrem Körper? Immer wenn Sie merken, daß Sie sich verspannen, machen Sie eine Pause und stellen sich Ihre Lieblingsfarbe vor.

Lächeln

Sie können Verspannungen auf eine einfache Weise abbauen, indem Sie sich mit positiven Dingen umgeben - oder indem Sie lächeln. Probieren Sie aus, wie sich positive und negative Gefühle auf Ihre Körperkraft auswirken. Machen Sie folgende Übung zusammen mit einem Freund oder einer Freundin. Schauen Sie Ihrer Freundin ins Gesicht. Schließen Sie die Augen und lassen Sie sie Ihre Kraft testen, indem sie einen Ihrer Arme nach unten drückt. Dann öffnen Sie Ihre Augen. Die Person soll Sie nun mißbilligend ansehen und dann wieder Ihre Kraft testen. Haben Sie gespürt, daß Sie schwächer wurden? Die meisten Menschen haben weniger Kraft in ihrem Arm, wenn man sie mißbilligend ansieht. Die Person soll Sie nun anlächeln und noch einmal Ihre Kraft testen. Dieses Mal sollten Sie sich stärker fühlen. Denken Sie daran was Sie sich selbst antun, wenn Sie Ihre Stirn in Falten legen. Denken Sie auch darüber nach, welche Wirkung Ihr Stirnrunzeln auf Ihre Mitmenschen hat. Wenn Sie in dem Moment stark bleiben, wo jemand Sie mißbilligend ansieht, sind Sie ein Mensch, der auf negative Verstärkung mehr reagiert als auf positive.

In der Medizin hat man festgestellt, daß Menschen, die viel lächeln, weniger Streß verspüren und weniger an psychosomatischen Krankheiten leiden. Ärzte, die Krebspatienten betreuen, raten diesen, viel zu lächeln. Die Reaktion unseres Körpers auf das Lächeln ist - auch wenn wir dies selbst nicht merken -, daß Endorphine freigesetzt werden, die unseren Organismus beeinflußen. Beim Stirnrunzeln dagegen entstehen Enzyme mit einem sehr hohen Säuregehalt, die sich auf den Magen und andere Körperteile auswirken.

Eine Lehrerin, mit der ich zusammenarbeitete, machte einmal ein interessantes Experiment. Sie ließ ihre Schüler lächelnde Gesichter in ihrer Lieblingsfarbe malen und diese dann auf ihre Tische stellen. Die Arbeitsergebnisse der Schüler verbesserten sich spontan. Die Lehrerin sagte den Schülern, daß sie immer dann dieses lächelndes Gesicht anschauen sollten, wenn sie nervös wurden oder eine Antwort nicht wußten. Farben und positive Bilder hatten einen erstaunlichen Einfluß auf ihre Streßfaktoren.

Sportpsychologie

Zum Thema Sportpsychologie sind zwei gute Bücher erschienen: *Golf und Psyche* und *Tennis und Psyche.* Ein Football Trainer fragte mich während einer meiner Vorlesungen einmal, welche Wirkung die Farbe Rot auf den Trikots haben würde. Ich weiß es nicht, habe aber gehört, daß es einige professionelle Teams gibt, die die Farbvisualisierung anwenden. Sie haben herausgefunden, daß das Visualisieren von Rot sie aggressiv macht, während das Visualisieren von Blau sie beruhigt und die Spieler in ihr physiologisches Zentrum versetzt. Ich kenne einen Gewichtheber, der 15 Pfund mehr stemmen kann, wenn er sich die Farbe Rot vorstellt. Die Wirkung ist bei jedem Menschen anders. Unsere Erkenntnisse über die Wirkung von Farben und das Imaginieren von positiven und negativen Bildern sind noch nicht ausgereift.

Entspannungsanleitungen

Haben Sie sich schon einmal eine Kassette mit Entspannungsanleitungen gekauft, auf der es heißt, Sie sollen mit der Entspannung bei den Füßen beginnen und dann mit den Knien weitermachen? Diese Vorgehensweise folgt einer bestimmten Reihenfolge und wirkt bei mir gewöhnlich nicht. Wenn ich Entspannungstechniken unterrichte, sage ich folgendes: "Schließen Sie Ihre Augen und fühlen Sie den Teil Ihres Körpers, der Ihnen sagt, daß er Entspannung braucht. Lösen Sie die Verspannung. Danach konzentrieren Sie sich auf die nächste Stelle in Ihrem Körper, die Entspannung braucht." Wenn Sie rechtshemisphärisch veranlagt sind, werden Sie feststellen, daß die willkürliche Auswahl bestimmter Stellen im Körper Ihre Verspannungen schneller löst, als das systematische Vorgehen von den Füßen bis zum Kopf. Vergessen Sie das Einhalten einer bestimmten Reihenfolge. Vergessen Sie die Logik, und gehen Sie nach Ihrem Gefühl vor. Fühlen Sie eine weitere Stelle in Ihrem Körper, die Entspannung braucht. Es kann auch sein, daß nicht Ihr ganzer Körper verspannt ist, sondern nur ein kleiner Teil.

Stellen Sie sich vor Ihrem geistigen Auge eine Blume, einen Duft, eine Farbe, einen Lieblingsort oder auch ein Gedicht vor. Wenn Sie diese Dinge immer wieder imaginieren und sich dabei entspannen, werden Sie sich bald von einem Augenblick zum anderen entspannen können, sobald Sie sich eines dieser Dinge vorstellen.

Diese Technik wird immer wirken, ganz unabhängig davon, wo Sie sich befinden. Es kann sich dabei um ein Gebet, ein Lied oder einfach um eine Farbe handeln - Sie müssen sich nur für eines entscheiden und es immer wieder anwenden.

Musik

Beim Musikhören entspannen sich viele Menschen. Ich entspanne mich am besten bei Klassischer Musik im Viervierteltakt und bei Musik von Stephen Halpern, die ich einzigartig beschwingend finde. Er setzt wissenschaftliche Erkenntnisse und sein intuitives Wissen über den Einfluß von Musik auf den menschlichen Geist und Körper ein, um Musik zu komponieren und zu produzieren, die in einen Zustand der Tiefenentspannung führt. Wenn man Stephen Halpern zu seiner Musik befragt, sagt er: "Für mich ist die Musik der Schlüssel zur Freude und Ungezwungenheit. Ich spüre dabei, daß ich ein Teil des Kosmos bin."

Potpourri

Einige der hier genannten Entspannungstechniken sind aus dem Buch *Ripley's Believe it or not*. Ich schlage Ihnen vor, einmal folgende Übungen versuchen. Wenn sie helfen, wenden Sie sie an. Drücken Sie in einer streßvollen Situation Ihre Zunge gegen den Gaumen. Manche Menschen spüren dabei sofort, wie der Streß nachläßt. Versuchen Sie es. Fühlen Sie den Unterschied? Sie müssen Ihren Kiefer dabei hängen lassen und können Ihre Zähne nicht mehr zusammenbeißen. Ihr ganzes Gesicht wird sich dabei entspannen.

Baden Sie in Ihrer Lieblingsfarbe. Nehmen Sie zum Färben des Badewassers Lebensmittelfarbe. Machen Sie einen Spaziergang, oder treiben Sie Sport. Kaufen Sie sich ein Haustier. Mediziner haben festgestellt, daß Menschen, die ein Tier besitzen, länger leben. Meditieren Sie, oder sprechen Sie ein Gebet. Welche Methode auch immer Sie anwenden, erfreuen Sie sich an ihr.

*"Wenn ich die Fähigkeit habe,
mich einzuspinnen
- wieso sollten sich dann nicht auch
Schmetterlinge entfalten können."*

"Yellow" in Trina Paulus'
Hope for the Flowers

Keine Wolken am Himmel

Rechtshirn-orientierte Strategien für das Leben in einer linkshirn-orientierten Welt

Rechtshemisphärisch veranlagt zu sein, ist keine Krankheit, sondern ein Geschenk. Obwohl wir oft für unfähig gehalten werden, mit unserem Schulsystem und unserer Arbeitswelt zurechtzukommen, wird dabei vergessen, daß wir die Ideen dafür liefern, was unterrichtet und produziert wird. Wir sind die Dichter, die Schriftsteller, die Erfinder, die Künstler. Wir verändern die Welt. Die Geschichte befaßt sich mit unseren Abenteuern. Die Schriftsteller holen sich ihren Stoff aus unserem Leben.

Dennoch klagen immer noch viele von uns über die linkshemisphärischen Dinge, zu denen wir nicht fähig sind. Vergessen Sie, was Sie nicht können. Vergessen Sie, daß Sie nicht richtig schreiben können. Sie können jederzeit jemanden bitten, der es kann. Konzentrieren Sie sich auf Ihre Stärken. Wenn Ihnen keine einfallen, erfinden Sie einfach welche. Besuchen Sie einen Kunstkurs. Werden Sie Mitglied in einem künstlerischen Verein. Schreiben Sie Ihre Gedanken in ein Tagebuch. Vielleicht sind Sie sehr poetisch. Nehmen Sie Tennisstunden. Fangen Sie an zu joggen. Schreiben Sie ein Buch. Vielleicht haben Sie so viel Glück wie ich.

Erkennen Sie, daß Sie mit Ihren Stärken alles erreichen können, was Sie sich wünschen. Wenn Sie ein Mensch mit ausgeprägtem Farbensinn sind, sollten Sie Assoziationen mit bestimmten Farben bilden. Wenn Sie sich ständig bewegen müssen, nutzen Sie die Bewegung zum Lernen. Arbeiten Sie mit Ihrem persönlichen Lernstil und schaffen Sie sich dadurch ein unbegrenztes Potential.

Ich möchte Ihnen gerne einige meiner Wege zeigen, durch die mir bewußt wurde, welche Fähigkeiten in mir stecken. Das heißt jedoch nicht, daß nicht auch andere Erfahrungen dazu führen können. Ich bin kein Guru, der auf alles eine Antwort weiß. Ich möchte lediglich Ihr Bewußtsein erweitern und Ihnen zeigen, daß es für jede Aufgabe verschiedene Lösungswege gibt. Alle Wege führen zum Ziel.

Rechtshirn-orientierte Strategien für unsere Arbeit

In den meisten Berufen wird von uns verlangt, daß wir von neun Uhr morgens bis fünf Uhr nachmittags produktiv arbeiten. Ich habe meine Vorgesetzten und mich selbst immer wieder frustriert, weil ich mich diesem Zeitzwang nicht anpassen konnte. Ich bin zu anderen Zeiten produktiv. Ich bin ein Morgenmuffel und wache nicht vor zehn Uhr auf. Wenn ich dann endlich in Gang komme, bin ich bis circa ein Uhr mittags sehr aktiv. Früher verzichtete ich auf die Mittagspausen, weil man mich immer wieder dazu drängte, um nicht eine Stunde meiner produktivsten Zeit zu verlieren. Von ein Uhr mittags bis zum frühen Abend habe ich meinen Tiefpunkt. Ab acht Uhr bis Mitternacht bin ich wieder voll einsatzfähig. Manchmal kann ich bis drei oder vier Uhr morgens arbeiten. Ich kenne meine leistungsfähigen Zeiten und versuche nicht mehr, in einer nicht-produktiven Zeit eine schwierige Aufgabe zu lösen. Stattdessen denke ich bei einem Spaziergang über die mir gestellte Aufgabe nach oder lasse mir einfach Ideen durch den Kopf gehen. Ich nutze diese Zeit auch gerne zum Mittagessen. Da ich weiß, daß ich sowieso nichts erledigen würde, kann ich mich dabei richtig entspannen.

Versuchen Sie, Ihre produktiven Zeiten herauszufinden, und richten Sie sich nach ihnen. Wenn Sie sich an die Zeitvorstellungen anderer anpassen, führt dies meist zu Streß und Frustration.

Rechtshemisphärische Menschen möchten zwar alles unter Kontrolle und in Ordnung haben, sobald sie sich jedoch näher mit einer Sache befassen, gibt es ein Chaos. Erkennen Sie Ihre rechtshemisphärischen Stärken und nutzen Sie sie, um eine Struktur zu entwickeln, die Ihnen hilft, sich zu organisieren.

71

Mein Schreibtisch sah früher immer aus wie eine Müllhalde. Ich konnte zwar immer alles finden, verbrachte jedoch jeden Morgen ungefähr eine Stunde damit, die Stapel durchzusehen, um festzustellen, was ich fertigmachen mußte und womit ich anfangen sollte. Als ich erkannte, daß ich in Überbegriffen denke und ein ausgeprägtes Farbenbewußtsein habe, legte ich mir fünf farbige Ordner an: in rot, grün, blau, gelb und weiß. Ich legte meine Unterlagen in den verschiedenen Ordnern ab. Auf dem roten Ordner steht "Dringend" - es hätte schon vor zwei Tagen erledigt sein sollen; auf dem grünen Ordner "Heute erledigen", auf dem blauen Ordner "Unerledigt". Die Unterlagen im weißen Ordner sind für die Ablage. Damit war ich endlich meinen chaotischen Schreibtisch los. Wenn ich nun morgens ins Büro komme, steht der rote Ordner schon bereit. Ich nehme ihn und beginne mit der Arbeit.

Oh, beinahe hätte ich den gelben Ordner vergessen. Er enthält die Dinge, die ich wirklich gerne tue. Er ist meine Belohnung dafür, daß ich den roten und grünen Ordner zuerst öffne. Manchmal, wenn ich nicht so recht in Gang komme, erlaube ich mir, 15 bis 30 Minuten mit dem gelben Ordner zu arbeiten. Dadurch komme ich in die richtige Stimmung, um mir den roten Ordner vorzunehmen.

Ich erinnere mich daran, einmal einen ganzen Tag damit, verbracht zu haben, in meinem Büro alles alphabetisch zu ordnen. Im darauffolgenden Monat war ich ständig auf der Suche nach den geordneten Unterlagen. Dennoch war meine Mühe nicht umsonst, denn ich habe dabei gelernt, daß ich mit alphabetischen oder numerischen Registern nichts anfangen kann. Um das Problem zu lösen, baute ich meine Ablage ähnlich auf wie mein Schreibtischsystem. Ich arbeite seitdem mit Farben und Überbegriffen wie "Korrespondenz", "Promotion" und "Beratung". Die Ordner jeder Kategorie haben unterschiedliche Farben. Innerhalb der Kategorien gibt es Unterteilungen wie "Geplante Seminare", "Laufende Seminare" usw. Sie sind mit farbigen Etiketten versehen, die den Farben der größeren Kategorien entsprechen. Heute habe ich keine Probleme mehr, einen Ordner zu finden oder ihn wieder an den richtigen Platz zurückzustellen. Grüne Ordner gehören in den grünen Bereich, rote Ordner in den roten etc.

Ich vergaß zu erwähnen, daß zwei Sekretärinnen gekündigt haben, weil sie mit einem derart logisch aufgebauten System wie meinem nicht zurechtkamen.

In der Rechtschreibung bin ich sehr kreativ. Ich bin dafür bekannt, daß ich in einem Brief oder in einer Mitteilung das gleiche Wort immer wieder anders falsch schreibe. Zum Glück gibt es das *Wörterbuch für schlechte Rechtschreiber*. Es ist im Taschenbuchformat und enthält falsch geschriebene Wörter in alphabetischer Reihenfolge. Darunter steht das richtig geschriebene Wort mit Definition. Endlich kann auch ich ein Wörterbuch anwenden.

73

In der Schule habe ich gelernt, Wörter nach ihrem Klang zu buchstabieren. Da ich mit dem Verstehen und mit der Aussprache von Worten Schwierigkeiten habe, kam ich mit dieser Methode nicht zurecht. Eines Tages traf ich Johnny, der zu verstehen schien, wie rechtshemisphärische Menschen Worte sehen. Er begann mit den Teilen eines Wortes, von denen er wußte, wie sie geschrieben werden. Auf diese Art mußte er nur noch einen kleinen Teil des Wortes lernen. Das Wort "aufmerksam" wurde so zu "auf-merk-sam". Plötzlich konnte ich richtig schreiben.

Vielleicht geht es Ihnen so wie mir. Sie lesen einen Artikel oder ein Kapitel in einem Buch und haben danach nicht den leisesten Schimmer, was darin steht. Kürzlich versuchte ich Jean Houston's Buch *Der mögliche Mensch* zu lesen. Ich verstand überhaupt nichts und fühlte mich wie ein *unmöglicher Mensch*. Es lag aber nicht an dem Buch, sondern an mir selbst. Ein paar Tage später nahm ich das Buch wieder zur Hand und begann ganz zufällig, die letzten Seiten zu lesen (ich lese Zeitschriften auf diese Art). Ich las den Epilog, und plötzlich paßte alles zusammen. Sobald ich wußte, wie das Buch endete, verstand ich auch den Anfang.

Das Schreiben von Mitteilungen und Briefen bereitet mir immer wieder Schwierigkeiten. Ich kann nicht bei Punkt A beginnen und dann zu Punkt B übergehen. Ich bin nicht in der Lage, meine Gedanken zu Papier bringen, solange ich kein Konzept habe. Als ich an der Schule unterrichtete, lernte ich, diese Probleme auf meine

Art zu lösen. Ich hatte verschiedene Mappen in meiner Schreibtischschublade. In einer waren die Mitteilungen meines Vorgesetzten. Die andere Mappe enthielt alle Mitteilungen des stellvertretenden Schuldirektors, die dritte die Mitteilungen des Direktors. Wenn mich einer der Herren bat, einen Bericht zu schreiben, nahm ich die entsprechende Mappe heraus und breitete ihren Inhalt auf meinem Schreibtisch aus. Ich übernahm einen Absatz aus dieser und einen aus jener Mitteilung und schrieb die besten Berichte, die man je gesehen hatte. Einer meiner Vorgesetzten sagte einmal zu mir, daß er niemanden kenne, der so gute Berichte schreiben könne wie ich. Ich hatte gelernt, daß ich eine Art Anschauungsmodell mit Lösungen brauche, bevor ich überhaupt mit der Arbeit beginnen kann. Ich muß alles vor mir liegen haben.

Obwohl viele rechtshemisphärische Menschen voller Ideen stecken, haben Sie oft Schwierigkeiten, diese Ideen in einer Geschichte oder einem Buch wiederzugeben. Als ich mich mit dem Manuskript für mein Buch *Lernen kann phantastisch sein* plagte, gab mir ein Freund zwei hilfreiche Tips. "Trag immer ein Notizbuch bei dir. Sobald du eine Idee hast, ganz gleich um was es sich handelt, halte sie schriftlich fest. Hast du dein Notizbuch vergessen, nimm eine Serviette, eine Bordkarte oder die Rückseite eines Einzahlungsbeleges."

Wenn Sie eine tiefgehende Diskussion mit jemandem haben, nehmen Sie sie auf Kassette auf. Die besten Ideen habe ich immer dann, wenn ich mit jemand anderem darüber spreche. Wenn Ihre Notizen und Kassetten unübersichtlich werden, lassen Sie sie abschreiben. Legen Sie sich als nächstes mehrere Schachteln zu und beschriften Sie sie: Kapitel I, Kapitel II usw., oder schreiben Sie einen Überbegriff darauf.

Zerschneiden Sie die Notizen (oder vielleicht reißen Sie sie lieber auseinander) und legen Sie sie in das Kapitel, zu dem Sie Ihrer Meinung nach gehören. Zum Schluß nehmen Sie sich die Papierstückchen jeder Schachtel vor und bringen sie in die richtige Reihenfolge. Kleben Sie sie in der Form eines Kreuzes zusammen und lassen Sie das Ganze abtippen. Als ich das tat, drohte die linkshemisphärisch veranlagte Sekretärin meines linkshemisphärischen Mannes mit der Kündigung.

Da ich durch Visualisierung lerne und auch das Bedürfnis habe, mein Wissen zu erweitern, lese ich sehr viel. Wenn ich jedoch auf meinen Terminkalender schaue, bleibt mir keine andere Wahl, als meinen Tag zu verlängern oder meine Lesegeschwindigkeit zu erhöhen. Nach längerem Nachdenken entschied ich mich, an der Lesegeschwindigkeit zu arbeiten. Durch meine Arbeit mit Kindern und Erwachsenen wußte ich, daß es verschiedene Techniken gibt, die die Lesegeschwindigkeit verbessern und es uns erleichtern, einen Text zu verstehen. Diese Techniken wirken bei jedem Menschen verschieden. Manchmal half nur eine, manchmal halfen mehrere Techniken an verschiedenen Tagen. Probieren Sie einmal alle im folgenden genannten Techniken aus, und entscheiden Sie sich für die Kombination, die bei Ihnen am besten wirkt:

- Decken Sie Ihren Lesestoff mit einer hellblauen Kunststoffhülle zu.

- Verwenden Sie beim Lesen eine grüne oder blaue Glühbirne, die die Seite beleuchtet.

- Berühren Sie beim Lesen mit Ihrer rechten Hand den linken Fußknöchel oder umgekehrt.

- Legen Sie ein Blatt Papier in Ihrer Lieblingsfarbe unter das Buch.

- Stellen Sie sich beim Lesen Ihre Lieblingsfarbe vor.

- Stellen Sie das Buch auf den Kopf.

- Halten Sie das Buch senkrecht und lesen Sie von oben nach unten oder von unten nach oben.

- Lesen Sie nur die wichtigen Wörter (gewöhnlich die Substantive und Verben) und wiederholen Sie die Bedeutung im Kopf.

- Lesen Sie einzelne Wörter auf einer Seite und versuchen Sie den Zusammenhang zu verstehen.

- Legen Sie sich beim Lesen auf den Boden.

In Tony Buzans Büchern gibt es wunderschöne Beispiele für Rechtshirn-Dominanz und ganzheitliches Denken. Die Bücher heißen: *Use Both Sides of Your Brain* und *Make the Most of Your Mind*.* Mit den folgenden Übungen will er uns helfen, unsere Kreativität zu erkennen und zu steigern.

Schreiben Sie innerhalb von zwei Minuten alles auf, was Ihnen zur Verwendung einer Büroklammer einfällt. Den meisten Menschen fallen im Durchschnitt acht verschiedene Möglichkeiten ein. Wenn Ihnen sechzehn eingefallen sind, sind Sie sehr kreativ. Lassen Sie Ihrer Phantasie freien Lauf; Ihre Vorschläge müssen nicht logisch sein, und Ihre Büroklammer muß auch nicht so aussehen wie eine normale Büroklammer. Vergessen Sie nun den ersten Teil der Übung und schreiben Sie alles auf, was man mit einer Büroklammer nicht tun kann. Es wird Ihnen fast nichts einfallen.

In einem von Tony Buzans Seminaren sagte eine Teilnehmerin, daß man eine Büroklammer auch heiraten könne. Als Sie dazu gefragt wurde, erklärte sie uns, daß die Ehe ein emotionaler Vertrag sei. Es sei nicht nur möglich, eine Büroklammer zu heiraten, ihr Ex-Ehemann habe es auch getan.

---

* Deutsch: "Kopftraining", erschienen im Goldmann
        Verlag

Rechtshirn-orientierte Strategien als Lernhilfe

Als Studentin mußte ich immer wieder die Erfahrung machen, daß ich mich tagelang auf eine Prüfung vorbereitet hatte, mein Kopf bei der Prüfung aber vollkommen leer war. Ich wußte, daß ich den Stoff beherrschte, er fiel mir nur in dem Augenblick nicht ein, und ich konnte nichts tun, um ihn mir wieder ins Gedächtnis zu rufen. Es frustrierte mich, daß ich mir während des Lernens Wissen aneignete und es bei einer Prüfung nicht abrufen konnte. Eines Tages kam ich auf die Idee, die aufgenommene Information in möglichst vielen Bereichen meines Gehirns zu speichern. Es würde mir dann leichter fallen, mein gesammeltes Wissen wieder abzurufen. Mein Experiment führte zu folgender Methode:

1. Lesen Sie einen kleinen Teil der Information und bringen Sie sie mit etwas in Verbindung, das Sie bereits kennen.

2. Schließen Sie die Augen, und wiederholen Sie das Gelesene mit Ihren eigenen Worten.

3. Halten Sie Ihre Augen geschlossen. Schreiben Sie die Information in die Luft, oder stellen Sie sich vor, daß Sie das eben Gelesene an eine Tafel schreiben.

4. Halten Sie Ihre Augen weiterhin geschlossen, und visualisieren Sie das gesamte Material.

5. Schreiben Sie dann die Information mit geschlossenen Augen auf ein Stück Papier.

6. Versuchen Sie in den nächsten vierundzwanzig Stunden mehrmals, die Information zu visualisieren bzw. wieder abzurufen.

7. Stellen Sie sich vor, Ihr Gesicht wäre eine Uhr, und bewegen Sie Ihre Augen im Uhrzeigersinn. Halten Sie bei jeder Ziffer an und rufen Sie die Information ab. Machen Sie sich eine Notiz, welche Stellung der Augen Ihnen am besten half, Information abzurufen. Versuchen Sie auch, die unterschiedlichen Arten, wie Sie sich etwas in Erinnerung rufen - visuell, auditiv etc. - mit bestimmten Augenbewegungen in Verbindung zu bringen.

Kürzlich lernte ich ein paar Tricks, die für mich bei Tests sehr nützlich sind. Bevor ich überhaupt einen Blick auf die Fragen werfe, notiere ich mir alles, was ich für den Test gelernt habe und woran ich mich erinnern kann. Ich schreibe Daten, Schlüsselwörter, kurze Sätze usw. und bin erstaunt, an wie viel ich mich erinnern kann, wenn ich nicht nach "Antworten" suche. Wenn ich dann mit dem Test beginne, entnehme ich die Antworten aus dem, was ich eben aufgeschrieben habe.

Ich beginne am Ende des Tests und arbeite mich zum Anfang durch. Oft sind die Antworten zu den ersten Fragen in den letzten Fragen versteckt. Wenn ich zu einer Frage komme, die ich nicht beantworten kann, überspringe ich sie. Auf diese Weise werde ich nicht nervös. Wenn ich alle Fragen, die ich weiß, beantwortet habe, versuche ich mich zu entspannen oder ich visualisiere meine Lieblingsfarbe. Dann bringe ich die ersten Antworten, die mir einfallen, zu Papier. Wenn mir keine einfällt, rate ich.

Während meines Studiums hatte ich immer wieder Schwierigkeiten, weil ich mir von den Vorlesungen keine brauchbaren Notizen machen konnte. Als ich mit Kindern zu arbeiten begann, stellte ich fest, daß viele von ihnen Bilder malten, wenn sie eigentlich zuhören sollten. Dabei wurde mir klar, daß ich das gleiche tat. Ich fragte mich, warum die Kinder - und ich - nicht lernen sollten, wie man das, was der Lehrer oder Dozent vorträgt, bildlich darstellt. Ich stellte fest, daß ich mich mit dieser Technik beinahe Wort für Wort an das Gesagte erinnern konnte.

Tony Buzan beschreibt in seinem Buch *Use Both Sides of Your Brain* eine Technik, genannt **Mind Mapping**. Dabei schreibt man normalerweise in der Mitte einer Seite den Hauptgedanken oder das Thema auf. Von diesem Zentrum führen sternenförmig Linien weg, auf die man die Ideen schreibt, die den Hauptgedanken näher erläutern oder ausweiten. Jede Zweig hat eine andere Farbe. Das Ganze sieht wie eine Blume aus, die von mehreren Blättern umgeben ist. Auf den Adern der Blätter werden die Schlüsselwörter notiert. Auf die kleinen Adern schreibt man weitere Ideen oder Assoziationen. Tony Buzan schlägt die Anwendung von Farben, unterschiedlichen Materialien, Pfeilen, Formen und Bildern vor, die in uns Assoziationen auslösen sollen. **Mind Map** zeigt ein Konzept als Ganzes.

Gabriele Rico beschreibt in ihrem Buch *Garantiert schreiben lernen* eine weitere Methode, genannt "Clustering". Ähnlich wie "Mind Mapping "aktiviert es die rechte Gehirnhälfte und läßt der Kreativität freien Lauf. Beide Methoden eignen sich für Notizen, zur Planung, zum Brainstorming oder für die schriftstellerische Arbeit.*

Als Lehrerin von Kindern und Erwachsenen mit Lernschwierigkeiten habe ich einige Techniken entwickelt, mit deren Hilfe man Schwierigkeiten beim lauten Lesen abbauen kann. Einmal arbeitete ich mit einer Frau, die große Probleme damit hatte. Ich bat sie aufzustehen und laut aus einem Buch vorzulesen, das dem Schwierigkeitsgrad einer dritten Klasse entsprach. Sie las wie ein Zweitklässler. Als sie las, bemerkte ich, daß ihre Hand zuckte. Daraufhin bat ich sie, die Hand

---

* Eine detaillierte Einführung in das Mind Mapping enthält auch das Buch "Mind Mapping - Die Synthese von sprachlichem und bildhaftem Denken" von Morgens Kirckhoff, das ebenfalls im Synchron Verlag erschienen ist.

während des Lesens in einer Art Zeichensprache zu bewegen. Sofort begann sie schön und völlig ungezwungen vorzulesen. Dann hielt ich ihre Hand hinter ihrem Rücken fest. Sie las wieder wie eine Schülerin der zweiten Klasse.

Wenn Sie beim lauten Lesen Schwierigkeiten haben, versuchen Sie dabei mit Ihren Händen zu gestikulieren - vermutlich werden Sie einen großen Unterschied feststellen.

Obwohl vielen rechtshemisphärischen Menschen Mathematik verhältnismäßig leicht fällt, entwickeln einige eine Art Mathematik- Phobie. Um sich von dieser Angst zu befreien, sollten Sie sich bewußt machen, daß es immer verschiedene Lösungsmöglichkeiten gibt. Trennen Sie sich von den traditionellen Methoden, und tun Sie so, als könnten Sie völlig frei entscheiden, wie Sie ein bestimmtes mathematisches Problem lösen möchten. Schreiben Sie die Zahlen 6, 2, 8, 3, 4, 5, 7, 1, 9 und finden Sie heraus, auf wieviele Arten Sie ihre Summe bilden können. Bilden Sie Zehner, Achter, multiplizieren und gruppieren Sie etc. Schreiben Sie die Zahlen in der Reihenfolge von 1 bis 9 auf. Sie kommen zum Ergebnis, wenn Sie gegenüberliegende Ziffern addieren, die Summe 10 mit 4 multiplizieren und 5 dazuzählen.

In seinem Buch *Make the Most of Your Mind* beschäftigt sich Tony Buzan in einem ganzen Kapitel mit alternativen Lösungswegen.

6 2 8 3 4 5 7 1 9

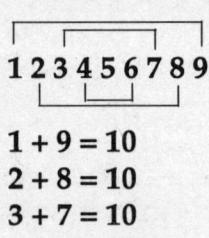

1 2 3 4 5 6 7 8 9

$$1 + 9 = 10$$
$$2 + 8 = 10$$
$$3 + 7 = 10$$
$$4 + 6 = 10$$

$$40 + 5 = 45$$

Rechtshemisphärische Menschen sind haptisch veranlagt, d.h. sie sind ständig in Bewegung. In ihrer Schulzeit haben sie Schwierigkeiten, weil sie während des Unterrichtes nicht ruhig sitzen können. Als Erwachsene machen sie den Eindruck, hektisch und nervös zu sein. Die linkshemisphärische Welt versteht nicht nur nicht, daß viele Menschen das Bedürfnis haben, sich ständig zu bewegen, sie schafft auch keine geeignete Lernumgebung, in der man sich bewegen kann. Kinder werden an ihre Pulte gesetzt und angewiesen, sich ruhig zu verhalten. Studenten sitzen auf ihren Stühlen und man erwartet von ihnen nicht nur, daß sie ruhig sitzen, sondern das Gehörte auch behalten. Mißerfolg ist häufig das Ergebnis.

Ich habe schon mit vielen haptisch veranlagten Erwachsenen gearbeitet. Joan, zum Beispiel, besuchte einen Vorbereitungskurs für das Medizinstudium und war ausgesprochen nervös. Ihre Leistungen waren so schlecht, daß man ihr nahelegte, den Kurs abzubrechen. Joan war rechtshemisphärisch veranlagt und konnte nur in Bewegung lernen. Ich gab ihr den Rat, sich ein Heimfahrrad zu kaufen, ihr Buch auf die Lenkstange zu legen und wie verrückt in die Pedale zu treten. Sie erzielte hervorragende Kursergebnisse.

Lynn ging auf das College und wollte ihr Examen in Englisch als Hauptfach ablegen. Obwohl sie sich ausgesprochen gerne mit den verschiedenen Aspekten der englischen Literatur befaßte, erzielte sie schlechte Prüfungsergebnisse. Auch sie versagte. Sie war eine rechtshirn-dominante Lernerin, die nicht nur lernte indem sie sich bewegte, sondern auch durch Zuhören. Ich empfahl ihr, ihre Vorlesungen auf Kassette aufzunehmen und sie während des Joggens zu hören. Ihre Noten steigerten sich auf "Gut" und "Sehr Gut". Nutzen Sie Ihr Bedürfnis nach Bewegung zu Ihrem Vorteil, nicht zu Ihrem Nachteil.

Viele rechtshemisphärische Menschen singen, summen oder geben komische Geräusche von sich, wenn sie eine schwierige Aufgabe lösen. Gehen Sie noch einen Schritt weiter. Setzen Sie die Musik bewußt ein, um Ihre Effektivität zu steigern. Wenn Sie einen Bericht schreiben, lernen oder irgendeine linkshemisphärische Tätigkeit ausüben, stellen Sie Ihr Radio oder Tonbandgerät an. Experimentieren Sie mit Rhythmus und den verschiedenen Musikrichtungen. Die Wirkung ist von Mensch zu Mensch verschieden.

Wenn Sie Musik studieren, können Ihnen vielleicht Farben helfen. Ich habe immer sehr gern gesungen, doch es gelang mir nie, nach einer Melodie zu singen. Ich konnte die verschiedenen Stimmlagen nicht unterscheiden. Ich analysierte die Art und Weise, wie ich Musik hörte, und fand heraus, daß ich mir beim Zuhören Farben vorstellte. Ich konnte jeder Note eine bestimmte Farbe zuordnen. Als es mir gelang, eine bestimmte Farbe bei einer Note zu visualisieren, konnte ich auch in der richtigen Stimmlage singen.

Vielleicht sind diese Ideen nicht sehr hilfreich für Sie, doch sie könnten den Anstoß geben für neue Gedanken, die Ihnen nützen. Ob Sie jemals lernen, nach einer Melodie zu singen oder nicht, spielt keine Rolle. Wenn es Ihnen Spaß macht zu singen, dann singen Sie. Vielleicht ist *Ihre* Melodie die richtige, und alle anderen singen falsch.

Rechtshirn-orientierte Strategien für zu Hause

Tagträumen gehört zu meinen Lieblingsbeschäftigungen. Ich kann mich jederzeit an irgendeinen Ort versetzen und alles bis ins Detail erleben. Beim Tagträumen visualisiere ich Phantasiebilder vor meinem geistigen Auge. Warum sollte ich nicht die Visualisierung als Werkzeug für mein Gedächtnis einsetzen, um schwierige Aufgaben zu lösen? Wenn ich während des Lesens visualisiere, erhöht sich dadurch mein Textverständnis. Ich kann mir eine Reihe von Wörtern einprägen, indem ich sie zu einem Bild zusammenfüge. Ich nehme z.B. meinen Einkaufszettel - Käse, Butter, Brot, Marmelade, Tomaten und Seife - und mache daraus ein Bild mit einer Kuh, die mit Brot gefüllt und mit Butter und Marmelade glasiert ist. Sie ist von Tomaten umgeben und hat ein Stück Seife im Maul. In ihrem Buch *Teaching For the Two-Sided Mind* macht Linda Williams ausgezeichnete Vorschläge, wie man mit Hilfe von Visualisierung und Phantasie Information aufnehmen und wieder abrufen kann.

Die Frustration beim Einkauf im Supermarkt ist größer als ein einziges Gehirn ertragen kann. Ich schreibe mir zwar immer alles auf, doch die Lebensmittel stehen in der Reihenfolge in meiner Liste, wie sie mir ausgegangen sind. Wenn ich dann im Laden zwischen den Regalen hin- und herlaufe, muß ich immer wieder auf meiner Liste nachsehen, ob ich nicht etwas vergessen habe. Es kommt häufig vor, daß ich vor dem Regal mit den Milchprodukten stehe und feststelle, daß ich das Schampoo vergessen habe.

Obwohl ich früher das Gefühl hatte, daß meine Überlebenschancen in dieser Welt wegen meines "Organisationsdefizites" äußerst gering sind, erkenne ich jetzt, daß ich mir die Organisationssysteme anderer zunutze machen kann. Die Aufteilung eines Supermarktes ist gut geplant, also beschloß ich, mich dieser Planung anzuschließen. Beim nächsten Einkauf notierte ich mir die Symbole über den Gängen in der Reihenfolge, in der sie erscheinen, wenn ich durch den Laden gehe. Das ist wichtig, da ich am Ende des Ladens mit dem Einkaufen anfange (ich möchte ja nicht das Obst zerdrücken). Von der fertigen Liste machte ich mir hundert Kopien und hing eine an den Kühlschrank. Auf ihr hake ich die Lebensmittel ab, die mir ausgehen. Meine Einkaufszeit hat sich seitdem um die Hälfte reduziert!

Ich mag meine Küche nur, wenn ein anderer darin Ordnung macht. Erstens räume ich nicht gerne auf, zweitens räume ich immer wieder anders auf. Die Meßbecher zu finden, ist wie nach einer Nadel im Heuhaufen zu suchen. Dieses Chaos in der Küche brachte meinen Mann zur Verzweiflung. Ich mußte mir eine vernünftige Lösung einfallen lassen.

Ich begann bei der Schublade, in der ich mein Besteck aufbewahrte. Ich hasse es, Besteck zu sortieren und zu stapeln. Sortieren ginge ja noch, aber stapeln. Ich warf den Besteckkasten raus und stellte stattdessen Kästen in unterschiedlicher Farbe in die Schubläden. Jetzt werfe ich einfach die Messer in den Kasten mit der Farbe, die ich für sie bestimmt habe.

Als nächstes nahm ich mir die Oberschränke vor. Ich versuchte alle Teller an einem Ort unterzubringen und die Tassen an einem anderen usw. Ihnen mag es so gefallen, mir geht es jedoch gegen mein ästhetisches Empfinden. Ich muß ein vollständiges Gedeck an einem Platz sehen. Als ich meinen Organisationsplan durchgeführt hatte, stellte ich fest, daß ich nicht mehr wußte, in welchen Schränken welches Geschirr stand. Also widmete ich mich wieder meinem Zeichenblock. Ich brauchte Farben. Letztendlich fiel mir ein, daß ich Türgriffe in unterschiedlichen Farben kaufen konnte. Es ist ein Kinderspiel, mich daran zu erinnern, daß das Porzellan mit den Rosenknospen im Schrank mit den gelben Türgriffen steht!

Übrigens die Pfannen stehen immer noch ungeordnet im Unterschrank.

Nach Rezept zu kochen, ist für mich nicht nur reine Quälerei, sondern fast ein Ding der Unmöglichkeit. Entweder vergesse ich irgendwelche Zutaten oder ich verwende sie zweimal. Ganz gleich, was ich auch tue, wenn ich nach vorgegebenen Rezepten koche, bin ich nie besonders erfolgreich. Eines Tages tat ich so, als wäre ich ein berühmter Koch, und begann meine Rezepte selbst zu kreieren. Ich ließ meiner Vorstellungskraft und Kreativität freien Lauf. Das Ergebnis war, daß es mir nicht nur Spaß machte, sondern daß das Gericht auch vorzüglich schmeckte. Nicht immer glückt mir die Improvisation, aber das soll bei berühmten Köchen auch vorkommen. Wenn mir etwas gut gelingt, schreibe ich mir das Rezept auf, bevor ich es vergesse. Irgendwie komme ich mit meinen eigenen Rezepten immer gut zurecht. Inzwischen bin ich bekannt für meine "Potpourri Suppe" und meinen "Leprechaun Kuchen".

Mein Mann und ich waren seit etwa einem halben Jahr verheiratet, als er auf mein Scheckbuch aufmerksam wurde. Vollkommen ungläubig fragte er mich: "Wann hast Du Dein Konto das letzte Mal ausgeglichen?" Ich fragte ihn ganz ruhig: "Wann habe ich es eröffnet?" Natürlich hat jeder von uns ein eigenes Konto. Warum sollte ich das Konto ausgleichen, wenn ich intuitiv weiß, wie der Kontostand ist? Ich habe noch nie einen Scheck absichtlich platzen lassen und kaum einen unabsichtlich.

Wenn ich ein Scheckbuch habe, bei dem die einzelnen Schecks einen Durchschlag oder einen abtrennbaren Abschnitt haben, bin ich in der Lage, den Betrag zu notieren. Es fällt mir auch leichter, die Scheckbeträge vom Kontostand zu subtrahieren, wenn ich sie auf den nächsten Dollar auf- oder abrunde. Anstatt einen Scheck über $ 12,34 von $ 924,70 abzuziehen, subtrahiere ich $ 12,00 von $ 925,00. Auf diese Weise kenne ich den ungefähren Kontostand und mein Mann ist zufrieden. Inzwischen gibt es Taschenrechner, die Scheckbeträge und Guthaben des Kontos speichern. Bei einigen von ihnen ertönt sogar Musik beim Berühren der Tasten.

Ich verreise ziemlich häufig. Beim Packen kann ich mich nie entscheiden, was ich mitnehme. Meistens endet es damit, daß ich alles einpacke. Ich habe das Pro-

90

blem auf zwei Arten gelöst. Erstens, jedesmal wenn ich mich für eine Kombination entschieden habe, schreibe ich sie auf. Auf diese Weise kann ich die gleichen Kleidungsstücke ohne großartiges Hin- und Herüberlegen auch beim nächsten Mal einpacken und erspare mir das Entscheidung-Trauma. Habe ich eine Kombination zweimal mitgenommen und nicht getragen, streiche ich sie von der Liste. Zweitens, habe ich immer eine doppelte Ausstattung von Make-Up, Föhn, Lockenstab, Vitamintabletten, Bade-Utensilien und Bügeleisen; oh ja, das Wichtigste von allem, ein Reisewecker. Diese Dinge packe ich nie aus, sie sind immer startbereit. Ich habe auch eine Grundausstattung von sechs Gürteln und sechs dekorativen Halstüchern sowie dazu passende Gold- und Silberketten und Armbänder. Auch diese bleiben immer zusammen mit einem schönen Kleid eingepackt. Ich brauche jetzt nie länger als dreißig Minuten zum Packen.

"Wir entwickeln uns weiter, wenn wir den Mut haben, selbst über uns zu bestimmen."

Bob Samples
The Metaphoric Mind

Flug durch das Universum
Die Harmonie von rechter und linker Gehirnhälfte

Das Leben ist eine Reise, kein Ziel. Meine Reise fing an mit dem Gefühl, kein Gehirn zu besitzen, und endet damit, daß ich stolz auf meine rechtshemisphärische Veranlagung bin. Manchmal fühle ich mich wie ein junger Vogel, der zum ersten Mal fliegt. Manchmal habe ich noch immer Angst. Dann fällt mir wieder ein, daß ich einzigartig bin. Das Universum macht keine Fehler. Wenn ich mich als etwas Besonderes fühle, möchte ich hoch hinaus fliegen, mein Ziel wählen, lachen, spielen, leben!

Ich habe so lange versucht, linksbetont zu sein, daß ich ein ziemlich genaues Bild von einem linkshemisphärisch veranlagten Menschen habe. Nun, da ich zu meiner Rechtshirn-Dominanz stehe, stelle ich fest, daß auch sie Grenzen setzt.

Eines Morgens stand ich auf dem Balkon eines Hotels in Corpus Christi und schaute über die Bucht. Ich empfand große Dankbarkeit für die Veränderung, die in meinem Leben stattgefunden hatte. Ich beobachtete, wie die Sonne langsam über dem Horizont aufging und ihre Strahlen vor Energie sprühten und den Himmel erleuchteten. Mir wurde plötzlich bewußt, daß ich "ganzheitlich" sein konnte. Es war in diesem Moment, als ich *tatsächlich* begann, mich weiterzuentwickeln und zu wachsen.

Wir haben alle die Möglichkeit, uns gleichzeitig intuitiv und logisch auszudrücken. Die beiden Seiten des Gehirns sind durch eine natürliche Brücke miteinander verbunden. Sie sind dafür bestimmt zusammenzuarbeiten. Wenn wir lernen, unsere Erfahrungen von unterschiedlichen Standpunkten aus zu betrachten, wird sich auch unser Bewußtsein erweitern. Wenn wir die Möglichkeit erkennen, daß wir frei zwischen unseren Gehirnhälften und Bewußtseinsformen wählen können, machen wir den ersten Schritt, dabei ein *ganzer Mensch* zu werden.

Ornstein, ein führender Gehirn-Psychologe, sagte: "Wenn beide Gehirnhälften zur Zusammenarbeit stimuliert und ermutigt werden, steigern sich unsere Fähigkeiten und unser Können." Ein Arzt ist erst dann ein guter Arzt, wenn er über die neuesten Behandlungsmethoden und die medizinische Forschung bestens informiert ist und dennoch seine Intuition bei der Diagnose eines schwierigen Falles einsetzt. Gute Schauspieler benutzen ihre linke Gehirnhälfte zum Erlernen und Sprechen ihres Textes, doch erst ihre rechte Gehirnhälfte ermöglicht es ihnen, der Charakter zu sein, den sie darstellen sollen. Komponisten, die ihre Kompositionen im Kopf haben, müssen die Struktur der Musik kennen, um sie niederzuschreiben, damit andere sich daran erfreuen können.

Um dieses Wechselspiel Ihrer beiden Gehirnhälften verstehen zu können, stellen Sie sich vor, wie Energie zwischen ihnen hin- und herfließt. Visualisieren Sie eine Farbe in Ihrer rechten Gehirnhälfte und den Namen der Farbe in Ihrer linken. Versuchen Sie, die beiden Hemisphären zu tauschen. Tun Sie so, als könnten Sie Teile Ihres Gehirns willentlich aktivieren. Verwenden Sie unterschiedliche Klänge und Farben.

Können Sie Farben besser auf der Vorderseite, Rückseite oder Oberseite Ihres Kopfes visualisieren? Können Sie bestimmte Zonen Ihres Kopfes besser mit Klängen aktivieren? Experimentieren Sie - glauben Sie mir, es funktioniert.

Jeder von uns hat unendlich viele Verbindungsmöglichkeiten innerhalb seines Gehirns. Diese Verbindungen bilden einzigartige Denkmuster und schaffen ein unbegrenztes Potential in uns.

Als ich damit begann, mein unbegrenztes Potential auszunutzen, merkte ich, daß ich in Noten denken konnte. Ich erlebte jeden Menschen wie eine Melodie oder ein Lied. Jede Erfahrung wurde zu einer Symphonie. Eines Nachmittags, als ich gerade Musik von Stephen Halpern hörte, tauchten Farben in meinem Bewußtsein auf. Ich dachte in Farben. Alle Bereiche meines Lebens nahmen Farbe an. Wenn ich an meine Freunde dachte, sah ich Farben um sie herumwirbeln. Ich konnte bei jedem eine dominante Farbe feststellen. Ich wußte, daß ich in Bildern und Farben denken konnte. War es mir auch möglich, in Wörtern, Linien, Formen und mathematischen Symbolen zu denken?

Moshe Feldenkrais ist der Überzeugung, daß Freiheit durch die Verbindung von Geist und Körper erreicht wird. Nachdem ich eine faszinierende Woche mit ihm verbracht hatte, betrachtete ich meinen Körper als einen Teil meiner Intelligenz. Indem ich mir meines Körpers bewußt geworden war, und begann mit ihm zu denken. Er wurde zu einer Art "Denkmaschine" für mich. Mir wurde klar, daß ich andere Menschen nicht nur sah und hörte, ich roch, schmeckte und reagierte körperlich auf sie. Sogar meine Stimmung veränderte sich, wenn ich jemand anderen intuitiv fühlte. Tiere fühlen und riechen Gefahr. Warum nicht auch wir?

In dem Buch *Mister God, This is Anna* sagt Anna, daß der einzige Unterschied zwischen Gott und den Menschen darin bestehe, daß Gott die Dinge von allen Seiten aus betrachte, während wir Menschen nur einen Gesichtspunkt haben. Wenn wir unser Universum von allen Punkten mit beiden Hemisphären betrachten, nähern wir uns der Wirklichkeit. In meinem Entwicklungsprozess stellte ich mir Menschen und Erfahrungen holographisch vor. Wenn ich mit einer Entscheidung oder einer schwierigen Situation konfrontiert wurde, versuchte ich, sie von allen Seiten zu betrachten. Auch Sie sollten dies versuchen. Stehen Sie über Ihrem Problem, und betrachten Sie es von oben. Sehen Sie es wie ein Gemälde oder ein Theaterstück mit verschiedenen Charakteren. Schlüpfen Sie darunter. Entdecken Sie seine Anfänge und Wurzeln. Fragen Sie nach der Ursache. Mir half Jean Houstons Buch *Der mögliche Mensch* , mein Universum auf neue Weise zu betrachten. Während ich die vorgeschlagenen Übungen praktizierte, erweiterte sich mein Bewußtsein.

Alles wird klarer und schöner, wenn ich mein Leben durch meine *beiden* Gehirnhälften erfahre. Ich sehe mein Leben als Ganzes und die Abschnitte meines Lebens als einen ständigen Kreislauf. Ich sehe diesen Kreislauf als Teil eines noch größeren Kreislaufes. Das Gras ist grüner, die Sonne strahlender und die Menschen sind schöner. Ich bin lebendig - es liegt an mir, das Universum zu erforschen. Ich kann frei fliegen!

Danksagungen

Ich danke den vielen Freunden und Lehrern, die mir halfen, zu fliegen. Mein besonderer Dank gilt:

Bob Samples	-	der die Mutter in mir ehrte
Suzanne Mikesell	-	meiner Verlegerin und Freundin, die mein Gedanken immer verstand
Norman Tallman	-	für das Design des Buchumschlages
Mary Starr	-	für die Inspiration, durch ihre Gedichte
Hugh Prather	-	für seine Gedichte
Lois Sanford	-	für seine ständige Unterstützung und Freundschaft
Leo Buscaglia	-	für die Ermutigungen
Juli Gilcher	-	die mich über die Mutterschaft hinaus zur Freundschaft brachte

Rick Meister	-	der mich dazu zwang, seine Rechtshirndominanz zu verstehen
Bob Gast	-	der mir zeigte, was Lesen wirklich bedeutet
Rick Sutter	-	der die mutigste Person ist, die ich kenne
Joan Werling	-	die bewiesen hat, was sie wirklich kann
David Schriff	-	der gelernt hat, sich zu akzeptieren und damit Erfolg hatte
Susan Hicks	-	die eine besondere und sehr schöne Frau ist
Michael Wolf	-	der sein Gehirn einsetzte, um das Universum kennenzulernen
David Walker	-	der mir zeigte, was das Besondere ist
Michael Bohn	-	der Engel sieht
Andrea und Steve Swell	-	die einfach phantastisch sind

Ami Bohn   -   für das Zeichnen fliegender Einhörner

Janet Lovelady   -   die mir half, Geduld zu lernen

Bradley L. Winch   -   der an Erziehung glaubt

Barbara Meister Vitale

Delray Beach, Florida

Bibliographie

Englischsprachige Literatur

Alexander, Thea, *2150 A.D.,* Macro Books, Tempe, AZ, 1976.

Andersen, Marianne S. and Savary, Louis M., *PASSAGES: A Guide for Pilgrims of the Mind,* Harper & Row, NY, 1972.

Andersen, U.S., *Three Magic Words,* Thomas Nelson & Sons, NY, 1954.

Ardell, Dr. Donald, *14 Days to a Wellness Lifestyle,* Whatever Publishing, Inc., Mill Valley, CA, 1982.

Asimov, Isaac, *The Human Brain, Its Capabilities and Functions,* Mentor Books, New York, NY, 1965.

Axline, Virginia, *Dibs in Search of Self,* Ballantine Books, NY, 1964.

Ayres, A.J., *Sensory Integration and Learning,* Western Psych., Los Angeles, CA, 1972.

Bach, Richard, *Illusions, The Adventures of a Reluctant Messiah,* Delacorte Press/Eleanor Friede, 1977.

Bailey, Alice A., *Education in the New Age,* Lucis Publishing Company, NY, 1954.

Bandler, Richard, *Frogs Into Princes,* Real People Press, Moab, UT, 1979.

Behrend, Genevieve, *Your Invisible Power,* DeVorss & Co., Marina Del Rey, CA, 1951.

Biffle, Christopher, *The Castle of the Pearl,* Harper & Row, NY, 1983.

Birren, Faber, *Color Psychology and Color Therapy,* The Citadel Press, Secaucus, NJ, 1950.

Birren, Faber, *Color and Human Response,* Van Nostrand Reinhold Co., Inc., NY, 1978.

Blakemore, Colin, *Mechanics of the Mind,* Harvard University Press, Cambridge, MA, 1977.

Blakeslee, Thomas R., *The Right Brain,* Anchor Press/Doubleday, Garden City, NY, 1980.

Blanchard, Kenneth and Johnson, Spencer, *The One Minute Manager,* Berkley Books, NY, 1981.

Bruner, Jerome S., *Beyond the Information Given,* W.W. Norton & Co., NY, 1973.

Bruner, Jerome S., *On Knowing: Essays for the Left Hand,* Atheneum, NY, 1973.

Bry, Adelaide, *Visualization,* Harper & Row, NY, 1978.

Buscaglia, Leo F., *Love,* Ballantine Books, NY, 1972.

Buscaglia, Leo F., *Personhood,* Ballantine Books, NY, 1978.

Buzan, Tony, *Make the Most of Your Mind,* Linden Press, Simon and Schuster, NY, 1984.

Buzan, Tony, *Use Both Sides of Your Brain,* Dutton, NY, 1974.

Buzan, Tony and Dixon, Terence, *The Evolving Brain,* Holt, Rinehart & Winston, NY, 1978.

Campbell, Don G., *Introduction to the Musical Brain,* Magnamusic-Baton, Inc., Saint Louis, MO, 1983.

Casebeer, Beverly, *Using the Right/Left Brain,* Academic Therapy Publications, Novato, CA, 1981.

Clark, Glenn, *The Man Who Talks With the Flowers,* Macalester Park Publishing Co., St. Paul, MN, 1939.

Course in Miracles, Foundation for Inner Peace, Tiburon, CA, 1975.

Dardik, Irving and Waitley, Dennis, *Quantum Fitness: Breakthrough to Excellence,* Pocket Books, NY, 1984.

Dass, Ram, *The Only Dance There Is,* Anchor Press/Doubleday, Garden City, NY, 1974.

DeMille, Richard, *Put Your Mother On the Ceiling,* Penguin Books, NY, 1967.

Dennison, Dr. Paul E., *Switching On,* Edu-Kinesthetics, Inc., Glendale, CA, 1981.

Diagram Group, The, *The Brain: A User's Manual,* G.P. Putnam's Sons, NY, 1982.

Dimond, S.J., and Beaumont, J.C., *Hemisphere Function in the Human Brain,* Wiley, NY, 1974.

Don, Frank, *Color Your World,* Destiny Books, NY, 1977.

Dyer, Wayne, *Gifts from Eykis,* Pocket Books, NY, 1983.

Edwards, B. *Drawing on the Right Side of the Brain. A Course in Enhancing Creativity and Artistic Confidence.* J.P. Tarcher, Inc., Los Angeles, CA, 1979.

Feldenkrais, Moshe, *Awareness Through Movement,* Harper & Row, NY, 1972.

Ferguson, Marilyn, *The Aquarian Conspiracy,* J.P. Tarcher, Inc., Los Angeles, CA, 1980.

Ferguson, Marilyn, *The Brain Revolution,* Taplinger Publishing Co., NY, 1973.

Flynn, *Mister God This is Anna,* Ballantine Books, NY, 1974.

Fox, Patricia L., "Reading as a Whole Brain Function," *The Reading Teacher,* October, 1979.

Gaddes, William H., *Learning Disabilities and Brain Function,* Springer-Verlag, NY, 1980.

Galwey, Timothy, *Inner Game of Tennis,* Bantam, NY, 1979.

Gardner, Howard, *Frames of Mind, The Theory of Multiple Intelligences,* Basic Books, Inc., NY, 1983.

Gawain, Shakti, *The Creative Visualization Workbook,* Whatever Publishing, Inc., Mill Valley, CA, 1982.

Gazzaniga, Michael S., *The Bisected Brain,* Appleton-Century-Crofts, NY, 1970.

Gazzaniga, Michael S. and LeDoux, Joseph E., *The Integrated Mind,* Plenum Press, NY, 1978.

Gendlin, Eugene T., *Focusing,* Bantam Books, Inc., NY, 1981.

Geschwind, Norman, "Language and the Brain", *Scientific American,* April, 1972.

Gibran, Kahlil, *The Garden of the Prophet,* Alfred A. Knopf, NY, 1978.

Gittner, Louis, *There is a Rainbow,* The Louis Foundation, East Sound, WA, 1981.

Golas, Thaddeus, *The Lazy Man's Guide to Enlightenment,* Bantam Books, Inc., NY, 1980.

Grady, Michael P. and Luecke, Emily A., "Education and the Brain,", *Phi Delta Kappan,* 1978.

Gregory, R.L., *Eye and Brain,* McGraw Hill, NY, 1974.

Gunther, Bernard, *Energy Ecstasy,* The Guild of Tutors Press, Los Angeles, CA, 1978.

Halpern, Stephen, *Tuning the Human Instrument,* Spectrum Research Institute, Belmont, CA, 1978.

Hendricks, G. and Wills, R., *The Centering Book,* Prentice-Hall, Englewood Cliffs, NJ, 1975.

Higbee, K.L., *Your Memory: How It Works and How To Improve It,* Prentice-Hall, Englewood Cliffs, NJ, 1977.

Hoff, Benjamin, *The Tao of Pooh,* A Penguin Book, NY, 1982.

Houston, Jean, *The Possible Human,* J.P. Tarcher, Inc., Los Angeles, CA, 1982.

Hunt, Roland, *The Seven Keys to Color Healing,* Harper & Row, San Francisco, CA, 1971.

Jampolsky, Gerald G., *Teach Only Love,* Bantam Books, NY, 1983.

Jampolsky, Gerald G., *Love is Letting Go of Fear,* Bantam Books, NY, 1970.

Johnson, Spencer, *The Precious Present,* Doubleday & Co., Garden City, NY, 1984.

Kaufman, Barry Neil, *Son Rise,* Warner Books, NY, 1976.

Leonard, George B., *Education and Ecstasy,* Dell, NY, 1968.

Leonard, George, *The Ultimate Athletic,* Viking, NY, 1975.

Lozanov, Georgi, *Suggestology and Outlines of Suggestopedy,* Gordon and Breach, NY, 1978.

Lupin, Mimi, *Peace, Harmony, Awareness,* Teaching Resources, MA, 1977.

Maclean, Paul D., *A Triune Concept of the Brain and Behaviour,* University of Toronto Press, Toronto, 1973.

Moss, Richard, *The I That Is We,* Celestial Arts, Millbrae, CA, 1981.

Mullen, Franklin and Chaffee, John, *Checkpoint 83,* Urban Ed 2000, Eastwood Printing & Publishing, 1983.

Muller, Robert, *New Genesis, Shaping a Global Spirituality,* Image Books, Garden City, NY, 1984.

Nelson, Portia, *There's a Hole in My Sidewalk,* Popular Library, NY, 1977.

Ornstein, Robert E., *The Psychology of Consciousness,* W.H. Freeman & Co., San Francisco, CA, 1972.

Ornstein, Robert E., *The Nature of Human Consciousness,* W.H. Freeman & Co., San Francisco, CA, 1973.

Ornstein, R. E., *Mind Field,* Grossman, NY, 1976.

Ornstein, Robert E. and Thompson, Richard F., *The Amazing Brain,* Houghton Mifflin Company, Boston, MA, 1984.

Ornstein, Robert E., Lee, Philip R., Galin, David, Deikman, Arthur, Tart, Charles T., *Symposium on Consciousness,* Penguin Books, NY, 1976.

Ostrander, S. and Schroeder, L., *Superlearning,* Delacorte Press and The Confucian Press, NY, 1979.

Ott, John N., *My Ivory Cellar,* Twentieth Century Press, Chicago, IL, 1958.

Paivio, Allen, *Imagery and Verbal Processes,* Holt, Reinhart and Winston, NY, 1971.

Paulus, Trina, *Hope for the Flowers,* Paulist Press, NY, 1972.

Piaget, Jean, *To Understand Is to Invent,* Grossman, NY, 1973.

Piaget, J. and Inhelder, B., *Memory and Intelligence,* Basic Books, NY, 1973.

Powell, John, *The Secret of Staying in Love,* Argus Communications, Allen, TX, 1974.

Prather, Hugh, *A Book of Games,* Doubleday & Company, Inc., Garden City, NY, 1981.

Prather, Hugh, *There is a Place Where You are Not Alone,* Doubleday & Company, Inc., Garden City, NY, 1980.

Prather, Hugh, *Notes on Love and Courage,* Doubleday & Company, Inc., Garden City, NY, 1977.

Prather, Hugh, *Notes to Myself, My Struggle to Become a Person,* Real People Press, Moab, UT, 1970.

Prather, Hugh, *The Quiet Answer,* Doubleday & Company, Inc., Garden City, NY, 1982.

Prines, Maya, *The Brain Changers,* Signet, NY, 1973.

deQuiros, Julio B., *Neuropsychological Fundamentals in Learning Disabilities,* Academic Therapy Publications, Novato, CA, 1978.

Raun, Karen, *Our Inward Journey,* Hallmark Cards, Inc., 1979.

Restak, R.M., *The Brain: The Last Frontier,* Doubleday & Company, Inc., Garden City, NY, 1979.

Rico, Gabriele, *Writing the Natural Way,* J.P. Tarcher, Inc., Los Angeles, CA, 1983.

Rose, Steven, *The Conscious Brain,* Vintage Books, NY, 1976.

Russell, Peter, *The Global Brain,* J.P. Tarcher, Inc., Los Angeles, CA, 1983.

Sagan, Carl, *Broca's Brain,* Ballantine Books, 1979.

Sagan, Carl, *The Dragons of Eden,* Random House, NY, 1977.

Samples, Bob, *The Metaphoric Mind,* Addison-Wesley Publishing Company, Inc., MA, 1976.

Samples, Bob, *Mind of Our Mother,* Addison-Wesley Publishing Company, Inc., MA, 1981.

Scott, Dru, *How to Put More Time in Your Life,* Signet, NY, 1980.

Segalowitz, S. and Gruber, F., *Language Development and Neurological Theory,* Academic Press, NY, 1977.

Silverstein, Alvin and Virginia B., *The Left-Handers World,* Follett Publishing Co., Chicago, IL, 1977.

Simon, Sidney, *Caring, Feelings, Touching,* Argus Communications, Niles, IL, 1976.

Skolimowski, Henry K., *The Theatre of the Mind,* The Theosophical Publishing House, London, England, 1984.

Smith, Adam, *Powers of Mind,* Random House, NY, 1975.

Sokolov, An., *Inner Speech and Thought,* Plenum Press, NY, 1972.

Springer, Sally P. and Deutsch, Georg, *Left Brain, Right Brain,* W.H. Freeman & Co., San Francisco, CA, 1981.

Tame, David, *The Secret Power of Music,* Destiny Books, NY, 1984.

Troward, Thomas, *The Creative Process in the Individual,* Dodd Mead & Co., NY, 1915.

Tulku, Tarthang, *Time, Space and Knowledge,* Dharma Publishing, Emeryville, CA, 1977.

Turner, Charles Hampden, *Maps of the Mind,* Macmillan Publishing Co., Inc., NY, 1981.

Vitale, Barbara, *Unicorns Are Real,* Jalmar Press, Rolling Hills Estates, CA, 1982.

Vygotsky, L.S., *Thought and Language,* The M.I.T. Press, MA, 1962.

Welbeck, Karen and Jones, Alex, *Creative Thought Remedies,* Alex Jones, Ontario, 1980.

Wilbur, Ken(ed.), *The Holographic Paradigm and Other Paradoxes,* Shambhala Publications, Inc., Boulder, CO, 1982.

Williams, Linda Verlee, *Teaching for the Two-Sided Mind,* Prentice-Hall, Inc., Englewood CLiffs, NJ, 1983.

Wilson, Sue, *I Can Do It! I Can Do It!,* Quail Street Publishing Co., Newport Beach, CA, 1976.

Wiren, Gary, *The New Golf Mind,* Simon & Schuster, NY, 1978.

Wittrock, M.C. and others, *The Human Brain,* Prentice-Hall, Inc., NJ, 1977.

Wittrock, M.C., Education and the Cognitive Processes of the Brain. In J.S. Chall & A.F. Mirsky (Eds.), *Education and the Brain,* University of Chicago Press, Chicago, IL, 1978.

Wittrock, M.C., Learning and the Brain. In M.C. Wittrock (Ed.) *The Brain and Psychology,* Academic Press, NY, 1980.

Wolf, Fred, *Taking the Quantum Leap,* Harper & Row, Inc., San Francisco, CA, 1981.

Wonder, Jacquelyn and Donovan, Priscilla, *Whole Brain Thinking,* William Morrow & Co., Inc., NY, 1984.

Young, J.Z., *Programs of the Brain,* Oxford University Press, NY, 1978.

Zukav, Gary, *The Dancing Wu Li Masters, An Overview of the New Physics,* Bantam Books, Inc., NY, 1979.

Deutschsprachige Literatur

Agor, W.H. (1988). Intuitives Management.
Berlin: Synchron.

Beelich, K.H. u. Schwede, H.-H. (1983). Denken -
Planen - Handeln. Würzburg: Vogel.

Buzan, T. (1984). Kopftraining.
München: Goldmann.

Birkenbihl, V. (1987). Stroh im Kopf? Oder Ge-
brauchsanweisung für's Gehirn.
Speyer: Gabal.

Blakeslee, Th.R. (1988). Das rechte Gehirn. Das Un-
bewußte und seine schöpferischen Kräfte.
Freiburg i.Br.: Aurum.

Edwards, B. (1988). Grantiert zeichnen lernen.
Reinbek: Rowolth.

Gallwey, W.T. (1977). Tennis und Psyche.
München : Wila.

Houston, J. (1984). Der Mögliche Mensch.
Basel: Sphinx.

Jaynes, J. (1988). Der Ursprung des Bewußtseins
durch den Zusammenbruch der bikameralen
Psyche. Reinbek: Rowolth.

Klampf-Lehmann, I. (1986). Der Schlüssel zum besseren Gedächtnis. München/Zürich: Delphin.

Meister Vitale, B. (1988).Lernen kann phantastisch sein. Kinderleichtes Lernen durch optimalen Einsatz beider Gehirnhälften. Berlin: Synchron.

Murphy, M. (1977). Golf und Psyche. München: Wila.

Ostrander, S. u. N. u. Schroeder, L. (1980). Leichter lernen ohne Streß - Superlearning. Bern und München: Scherz.

Rico, G.L. (1984). Garantiert schreiben lernen. Reinbek:Rowolth.

Russel, P. (1982). Der menschliche Computer. München : Heyne.

Schirm, R.W., Schoemen, J. u.Wagner, H. (1986). Führungserfolg durch Selbsterkenntnis. Speyer: Gabal.

Silva, J. u. Miele, Ph. (1983). Silva Mind Control. Argenbühl-Eglofstal: Schwab.

Springer, S.P. u. Deutsch, G. (1987). Linkes - rechtes Gehirn. Funktionelle Asymmetrien. Heidelberg: Spektrum der Wissenschaft.

Sagan, C. (1978). Die Drachen von Eden. Das Wun-
der der menschlichen Intelligenz.
München: Droemer-Knaur.

Seiwert, L.J. (1987). Mehr Zeit für das Wesentliche.
Landsberg a. Lech: Moderne Industrie.

Ullmann, F., Bierbaum, G. (1984). Nichts vergessen -
mehr behalten. Ein Trainingsprogramm.
München: Universitas.

Vester, F. (1978). Denken, Lernen, Vergessen.
Stuttgart: dtv.

Zdenek, M. (1988). Die Entdeckung des rechten Gehirns. Berlin: Synchron.

Neues vom **SYNCHRON VERLAG BERLIN:**

Unsere Reihe **MIND** veröffentlicht Bücher über **die Entdeckung des rechten Gehirns.**

Die einseitige Förderung des linken Gehirns in unserem Kulturkreis hat nach den Ergebnissen der Hemisphären-Forschung eine Behinderung und Abnahme der Aktivität der rechten Gehirnhälfte zur Folge. Abgesehen davon, daß dies zu innerem Streß, Unausgeglichenheit und ständiger Anspannung führt, reduziert es auch die Fähigkeit des Menschen, Probleme zu lösen und blockiert seine kreativen Potentiale.

Ohne das linke Gehirn zu vernachlässigen, kann sich jeder durch eine Harmonisierung der Zusammenarbeit beider Gehirnhälften - durch die *persönliche Entdeckung des rechten Gehirns* - ein größeres Maß an Ausgeglichenheit und Kreativität erschließen.

Das **MIND**-Programm stellt lebendige und anwendungs-orientierte Bücher für die verschiedensten Lebensbereiche vor, mit denen der Leser seinen eigenen Nutzen aus den faszinierenden Forschungsergebnissen ziehen kann.

Für die Zusammenstellung der Reihe haben wir Autoren ausgewählt, die bereits seit zehn, fünfzehn oder mehr Jahren praktische Erfahrungen mit diesen Erkenntnissen in ihrem persönlichen Leben und mit ihrer Weitervermitt-lung gesammelt haben.

Wenn Sie an ausführlicheren Informationen interessiert sind, fordern Sie unsere kleine Informationsschrift **MIND - BALANCE** an, die wir Ihnen gern kostenlos zusenden:

Synchron Verlag
Mariendorfer Damm 1-3
Ullstein-Haus
D-1000 Berlin 42
Tel. 030 - 706 20 23

Verlagsprogramm des SYNCHRON VERLAGES:

❏ Marilee Zdenek
Die Entdeckung des rechten Gehirns
- Der kreative Prozeß -
Das persönliche Programm zur Befreiung der
schöpferischen Kräfte

❏ Barbara Meister Vitale
Lernen kann fantastisch sein
Praktisch anwendbare Unterstützung für
schulisches Lernen durch Ausgleich von Rechts-
oder Linkshirndominanz

❏ Weston H. Agor, Ph. D.
Intuitives Management
Die richtige Entscheidung zur richtigen Zeit
durch Einsatz des rechten Gehirns

❏ Mogens Kirckhoff
Mind Mapping
Die Arbeitsmethode, die die Stärken beider
Gehirnhälften zusammenführt

❏ Jo Durden-Smith / Diane Desimone
Geschlechterrollen aus der Sichtweise der
Gehirnforschung

❏ John Moore
Die vierfache Gestalt des Selbst
- Hemisphärenforschung und Spiritualität -

❏ Colin Wilson
Frankensteins Schloß
-Das rechte Gehirn: Das Tor zur Weisheit-